¡Que alguien me escuche!
Curso de la Especialidad Ministerio Juvenil

Iglesia del Nazareno
Región Mesoamérica

Milton Gay
Coordinador General de la Especialidad

¡Que alguien me escuche!

Libro de la serie "Escuela de Liderazgo"
Especialidad Ministerio Juvenil

Coordinador General de la Especialidad: Milton Gay
Asistente: Odily Diaz

Autores:
Milton Gay (Lección 1)
Luis Flores (Lección 2)
Rosa Esther Ortiz Sierra (Lección 3)
Luz Jiménez (Lección 4)
Tahisha Hernández (Lección 5)
Juan Ramón Campos (Lección 6)
Jony Bernal (Lección 7)
Ana Esther Campos (Lección 8)

Edición: Dra. Mónica E. Mastronardi de Fernández
Revisor: Dr. Rubén E. Fernández

Material producido por EDUCACIÓN Y DESARROLLO PASTORAL de la Iglesia del Nazareno, Región Mesoamérica - www.edunaz.org
Dirección postal: Apdo. 3977 – 1000 San José, Costa Rica, América Central.
Teléfono (506) 2285-0432 / 0423 - Email: EL@mesoamericaregion.org

Publica y distribuye Asociación Región Mesoamérica
Av. 12 de Octubre Plaza Victoria Locales 5 y 6
Pueblo Nuevo Hato Pintado, Ciudad de Panamá
Tel. (507) 203-3541 - E-mail: literatura@mesoamericaregion.org

Copyright © 2017 - Derechos reservados
Queda prohibida la reproducción parcial o total, por cualquier medio, sin el permiso escrito de Educación y Desarrollo Pastoral de la Iglesia del Nazareno, Región Mesoamérica. www.mesoamericaregion.org

Todas las citas son tomadas de la Nueva Versión Internacional 1999 por la Sociedad Bíblica Internacional, a menos que se indique lo contrario.

Diseño de portada: Juan Manuel Fernández (www.juanfernandez.ga)

Imagen de portada por Abhijit Patil
Utilizada con permiso (Creative Commons).
Imágenes interiores usadas con permiso (Creative Commons).

Índice de las lecciones

Lección 1	Se necesitan rescatistas	9
Lección 2	Características de los consejeros	17
Lección 3	Aprendiendo primeros auxilios	29
Lección 4	¡Nadie me entiende!	37
Lección 5	Mis amigos sí me escuchan	45
Lección 6	Consejería sexual cristiana	53
Lección 7	Un llamado desde el hogar	63
Lección 8	Relación entre consejero y aconsejado	73

Presentación

La serie de libros Escuela de Liderazgo ha sido diseñada con el propósito de proveer una herramienta a la iglesia para la formación, capacitación y entrenamiento de sus miembros a fin de integrarlos activamente en el servicio cristiano conforme a los dones y el llamado (vocación) que han recibido de su Señor.

Cada uno de los libros provee el material de estudio para un curso del programa Escuela de Liderazgo patrocinado por las Instituciones Teológicas de habla hispana de la Región Mesoamérica de la Iglesia del Nazareno. Éstas son: IBN (Cobán, Guatemala); STN (Ciudad de Guatemala); SENAMEX (Ciudad de México, México); SENDAS (San José, Costa Rica); SND (Santo Domingo, República Dominicana) y SETENAC (La Habana, Cuba). Un buen número de los y las líderes de estas instituciones (rectores, directores, vicerrectores y directores de estudios descentralizados) participaron activamente en el diseño del programa.

La Escuela de Liderazgo cuenta con cinco Cursos Básicos, comunes a todos los ministerios, y seis Cursos Especializados para cada ministerio, al final de los cuáles la Institución Teológica respectiva le otorga al estudiante un certificado (o diploma) en Ministerio Especializado.

El objetivo general de la Escuela de Liderazgo es: "Colaborar con la iglesia local en el equipamiento de los "santos para la obra del ministerio", cimentando en ellos un conocimiento bíblico teológico sólido y desarrollándolos en el ejercicio de sus dones para el servicio en su congregación local y en la sociedad." Los objetivos específicos de este programa son tres:

- Desarrollar los dones del ministerio de la congregación local.
- Multiplicar ministerios de servicio en la iglesia y la comunidad.
- Despertar la vocación al ministerio profesional diversificado.

El objetivo de esta Especialidad titulada "Ministerio Juvenil" es el de capacitar a los líderes emergentes, que desean participar en el cumplimiento de nuestra misión de "llamar a nuestra generación a una vida dinámica en Cristo". Las lecciones en estos seis libros han sido escritas por líderes juveniles con experiencia a lo largo de la región de Mesoamérica y es el deseo de los autores que cada estudiante reciba una visión enriquecida sobre la cultura juvenil, consejería, trabajo en equipo y otros temas de importancia. Deseamos que Dios sea glorificado a través de estos cursos y que cada estudiante crezca en su preparación, extendemos un agradecimiento especial a los licenciados Yeri Nieto, Josué Villatoro y Odily Díaz por su esfuerzo y dedicación en este proyecto.

Agradecemos a la Dra. Mónica Mastronardi de Fernández por su dedicación como Editora General del proyecto, a los Coordinadores Regionales de Ministerios y al equipo de escritores y diseñadores que colaboraron para la publicación de estos libros. Agradecemos de igual manera a los profesores y profesoras que compartirán estos materiales. Ellos y ellas harán la diferencia en las vidas de miles de personas a lo largo y ancho de Mesoamérica.

Finalmente, no podemos dejar de agradecer al Dr. Rubén Fernández, Coordinador de Educación y Desarrollo Pastoral por el impulso dado a la publicación de estos materiales, y al Dr. L. Carlos Sáenz, Director Regional MAR, por su respaldo permanente en esta tarea, fruto de su convicción de la necesidad prioritaria de una iglesia equipada de manera integral.

Oramos por la bendición de Dios para todos los discípulos y todas las discípulas cuyas vidas y servicio cristiano serán enriquecidos por estos libros.

Rev. Milton Gay
Coordinador de Juventud Nazarena Internacional
Región Mesoamérica

¿Qué es la Escuela de Liderazgo?

Escuela de Liderazgo es un programa de educación para laicos en las diferentes especialidades ministeriales para involucrarlos en la misión de la iglesia local. Este programa es administrado por las Instituciones Teológicas de la Iglesia del Nazareno en la Región Mesoamérica e impartido tanto en sus sedes como en las iglesias locales inscriptas.

¿Para quiénes es la Escuela de Liderazgo?

Para todos los miembros en plena comunión de las iglesias del nazareno quienes habiendo participado en los niveles B y C del programa de discipulado, desean de todo corazón descubrir sus dones y servir a Dios en su obra.

Plan ABCDE

Para contribuir a la formación integral de los miembros de sus iglesias, la Iglesia del Nazareno de la Región Mesoamérica ha adoptado el plan de discipulado ABCDE, y desde el año 2001 ha iniciado la publicación de materiales para cada uno de estos niveles. La Escuela de Liderazgo corresponde al Nivel D del plan de discipulado ABCDE y ha sido diseñada para aquellos que ya han pasado por los anteriores niveles de discipulado.

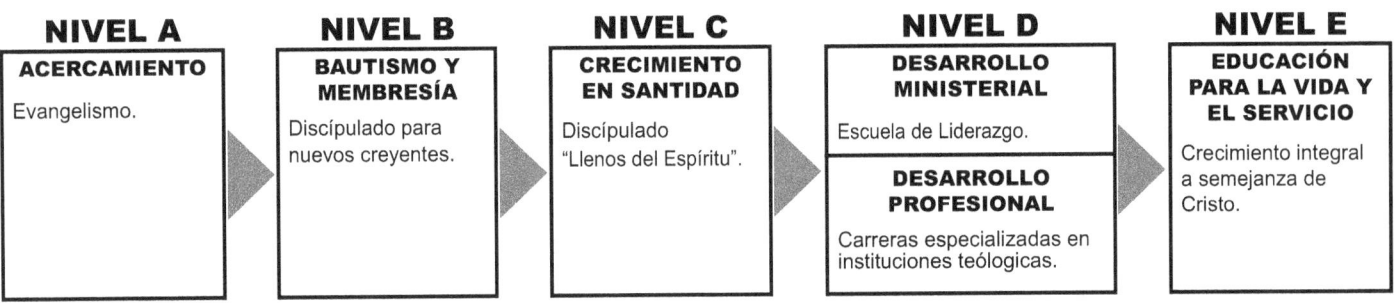

En la Iglesia del Nazareno creemos que hacer discípulos a imagen de Cristo en las naciones es el fundamento de la obra misional de la Iglesia y responsabilidad de su liderazgo (Efesios 4:7-16). La labor de discipulado es continua y dinámica, es decir el discípulo nunca deja de crecer a semejanza de su Señor. Este proceso de crecimiento, cuando es saludable, ocurre en todas dimensiones: en la dimensión individual (crecimiento espiritual), en la dimensión corporativa (incorporación a la congregación), en la dimensión santidad de vida (transformación progresiva de nuestro ser y hacer conforme al modelo de Jesucristo) y en la dimensión servicio (invertir la vida en el ministerio).

Dra. Mónica Mastronardi de Fernández
Editora General Libros de Escuela de Liderazgo

¿Cómo usar este libro?

Este libro que tiene en sus manos es para el curso introductorio: Descubriendo mi Vocación en Cristo, del programa Escuela de Liderazgo. El objetivo de este curso es ayudar a los miembros de las iglesias del Nazareno a descubrir sus dones y su llamado ministerial, y al mismo tiempo animarlos a matricularse en la Escuela de Liderazgo a fin de capacitarse para servir al Señor en su iglesia local.

¿Cómo están organizados los contenidos de este libro?

Cada una de las ocho lecciones de este libro contiene lo siguiente:

> **Objetivos:** estos son los objetivos de aprendizaje que se espera que el alumno alcance al terminar el estudio de la lección.

> **Ideas Principales:** Es un resumen de las enseñanzas claves de la lección.

> **Desarrollo de la lección:** Esta es la sección más extensa pues es el desarrollo de los contenidos de la lección. Estas lecciones se han escrito pensando en que el libro es el maestro, por lo que su contenido se expresa en forma dinámica, en lenguaje sencillo y conectado con las ideas del mundo contemporáneo.

> **Notas y comentarios:** Los cuadros al margen tienen el propósito de aclarar términos y proveer notas que complementan o amplían el contenido de la lección.

> **Preguntas:** En ocasiones se incluyen preguntas al margen que el profesor puede usar para introducir, aplicar o reforzar un tema de la lección.

> **¿Qué aprendimos?:** En un recuadro que aparece al final del desarrollo de la lección se provee un resumen breve de lo aprendido en la misma.

> **Actividades:** Esta es una página al final de cada lección que contiene actividades de aprendizaje individuales o grupales relativas al tema estudiado. El tiempo estimado para su realización en clase es de 20 minutos.

> **Evaluación final del curso:** Esta es una hoja inserta en la última página del libro y que una vez completada el alumno debe separar del libro y entregar a profesor del curso. La duración estimada para esta actividad de reforzamiento final es de 15 minutos.

¿Cuánto dura el curso?

Este libro ha sido diseñado para que el curso pueda enseñarse en diferentes modalidades:

Como curso de 8 sesiones:

En total se requieren 12 horas de clase presencial repartidas en 8 sesiones de 90 minutos. Los días y horarios serán coordinados por cada Institución Teológica y cada iglesia o centro local de estudios. Dentro de esta hora y media el profesor o la profesora debe incluir el tiempo para las actividades contenidas en el libro.

Como taller de 3 sesiones:

- Sesión plenaria de 90 minutos (lección 1).
- Seis talleres de 90 minutos cada uno. Los participantes asisten a uno de estos talleres conforme a sus dones más fuertes (lecciones 2 a 7).

- Última plenaria de 90 minutos (lección 8).

Ejemplo de cómo distribuir el tiempo para taller de un sábado:

Taller: Descubra su vocación en Cristo

8:00 am	Inscripción
8:30 a 10:00 am	Plenaria: Descubre tus dones espirituales
10:00 a 10:30 am	Receso
10:30 a 12:00 am	Talleres sobre Especialidades Ministeriales
12:00 a 1:00 pm	Almuerzo
1:00 a 2:30 pm	Plenaria ¿Cuál es mi función en el Cuerpo de Cristo?
2:30 a 3:00 pm	Receso
3:00 a 4:00 pm	Presentación de Escuela de Liderazgo y Prematrícula para Cursos Básicos

¿Cuál es el rol del alumno?

El alumno es responsable de:

1. Matricularse a tiempo en el curso.
2. Adquirir el libro y estudiar cada lección antes de la clase presencial.
3. Asistir puntualmente a las clases presenciales.
4. Participar en las actividades en clase.
5. Participar en la práctica ministerial en la iglesia local fuera de clase.
6. Completar la evaluación final y entregarla al profesor.

¿Cuál es el rol del profesor del curso?

Los profesores y las profesoras para los cursos de Escuela de Liderazgo son pastores/as y laicos comprometidos con la misión y ministerio de la Iglesia y de preferencia que cuentan con experiencia en el ministerio que enseñan. Ellos son invitados por el/la Director/a de Escuela de Liderazgo de la iglesia local (o Institución Teológica) y sus funciones son:

1. Prepararse con anterioridad estudiando el contenido del libro y programando el uso del tiempo en la clase. Al estudiar la lección debe tener a mano la Biblia y un diccionario. Aunque en las lecciones se usa un vocabulario sencillo, se recomienda "traducir" lo que se considere difícil de entender a los alumnos y alumnas, o sea, poner la lección en el lenguaje que ellos y ellas comprenden mejor.

2. Velar para que los/as alumnos/as estudien el material del libro y alcancen los objetivos de aprendizaje.

3. Planear y acompañar a los estudiantes en las actividades de práctica ministerial. Estas actividades deben programarse y calendarizarse junto al pastor local y el/la director/a del ministerio respectivo. Para estas actividades no debe descontarse tiempo a las clases presenciales.

4. Llevar al día la asistencia y las calificaciones en el formulario de Informe de clase. El promedio final será el resultado de lo demostrado por el/la estudiante en las siguientes actividades:

    a. Trabajo en clase

b. Participación en la práctica ministerial fuera de clase.

c. Evaluación final

5. Recoger las hojas de "Evaluación", entregarlas junto al formulario "Informe de clase" al finalizar el curso al/ a la director/a de Escuela de Liderazgo local, esto después de evaluar, cerrar los promedios y verificar que todos los datos estén completos en el formulario.

6. Los profesores y las profesoras no deben agregar tareas de estudio o lecturas aparte del contenido del libro. Si deben ser creativos/as en el diseño de actividades de aprendizaje en clase y en planear actividades ministeriales fuera de clase conforme a la realidad de su iglesia local y su contexto.

¿Cómo enseñar una clase?

Se recomienda usar los 90 minutos de cada clase presencial de la siguiente manera:

- **5 minutos:** Enlace con el tema de la lección anterior y orar juntos.

- **30 minutos:** Repaso y discusión del desarrollo de la lección. Se recomienda usar un bosquejo impreso, pizarra o cartulina u otro disponible, usar dinámicas de aprendizaje y medios visuales como gráficos, dibujos, objetos, láminas, preguntas, asignar a los alumnos que presenten partes de la lección, etc. No se recomienda usar el discurso o que el maestro lea nuevamente el contenido de la lección.

- **5 minutos:** Receso ya sea en el medio de la clase o cuando sea conveniente hacer un corte.

- **20 minutos:** Trabajo en las actividades del libro. Esto puede realizarse al inicio, en el medio o al final del repaso, o bien se pueden ir completando actividades a medida que avanzan en los temas y conforme éstas se relacionan con los mismos.

- **20 minutos:** Discusión sobre la práctica ministerial que hicieron y que tendrán. Al inicio del curso se deberá presentar a los estudiantes el calendario de la práctica del curso para que ellos hagan los arreglos para poder asistir. En las clases donde se hable sobre la práctica que ya hicieron, la conversación debe ser dirigida para que los alumnos compartan lo que aprendieron; tanto de sus aciertos, como de sus errores, así como de las dificultades que se presentaron.

- **10 minutos:** Oración por los asuntos surgidos de la práctica (desafíos, personas, problemas, metas, agradecimiento por los resultados, entre otros).

¿Cómo hacer la evaluación final del curso?

Asigne 15 minutos de tiempo a los y las estudiantes en la última clase del curso. Si fuera necesario ellos y ellas pueden consultar sus libros y Biblias. Las evaluaciones finales se han diseñado para ser una actividad de reforzamiento de lo aprendido en el curso y no una repetición memorística de los contenidos del libro. Lo que se propone con esta evaluación es medir la comprensión y la valoración del estudiante hacia los temas tratados, su crecimiento espiritual, su progreso en el compromiso con la misión de la iglesia local y su avance en experiencia ministerial.

Actividades de práctica ministerial

Las siguientes son actividades sugeridas para la práctica ministerial fuera de clase. En la lista abajo se incluyen varias ideas para ayudar a los profesores, pastores, director de Escuela de Liderazgo local y directores locales de ministerio. De ellas se puede escoger las que más se adapten a la realidad contextual y el ministerio de la iglesia local o bien pueden ser reemplazadas por otras conforme a las necesidades y posibilidades.

Se recomienda tener no menos de tres actividades ministeriales por curso. Puede poner a toda la clase a trabajar en un mismo proyecto o asignar tareas en grupos según sus intereses, dones y habilidades. Es recomendable involucrar a los alumnos y alumnas en una variedad de experiencias ministeriales que sean nuevas para ellos y ellas.

Actividades ministeriales sugeridas para el curso ¡Que alguien me escuche!

1. Organizar un taller para el grupo de adolescentes y sus padres sobre el tema: Comprendiendo la etapa de la adolescencia y sus crisis. Sería bueno si se puede contar con la participación de un especialista.

2. Hacer una investigación para informarse de la cantidad de adolescentes en el área geográfica de la iglesia y sus principales problemáticas.

3. Organizar talleres para los adolescentes de la iglesia y la comunidad sobre temas que sean de interés para ellos y ellas, con el propósito de iniciar relaciones de amistad.

4. Organizar una tarde de cine y palomitas para ver una película o video documental que trate alguna problemática de los adolescentes, con un tiempo final de preguntas.

5. Realizar entrevistas con los adolescentes de la iglesia para determinar las necesidades de consejería en el grupo juvenil.

6. Preparar una actividad especial con los adolescentes y el liderazgo de la iglesia para fomentar las relaciones y la comunicación entre ambos grupos.

7. Organizar talleres sobre educación sexual cristiana para los adolescentes de la iglesia y/o comunidad.

Lección 1

Se necesitan rescatistas

Objetivos

- Responder al llamado de rescatar a los jóvenes.
- Adquirir recursos para convertirse en un buen consejero.
- Establecer metas para el desarrollo personal del consejero.

Ideas Principales

- Un consejero es alguien que facilita un aprendizaje.
- Los rescatistas o consejeros son personas como todos, con sentimientos y debilidades.
- Los consejeros no son superhéroes o heroínas, por lo que también necesitamos cuidar de ellos y ellas.

Introducción

El 29 de enero de 2015, a las 7:15 de la mañana hubo una explosión en un hospital materno infantil en Cuajimalpa, México, y a escasos cien metros del hospital vivía un adolescente de tan solo 12 años con sus dos hermanos y su mamá. Al ver la necesidad de las personas y su sufrimiento, el jovencito se dirigió al lugar del siniestro para ayudar a las víctimas de la explosión. Trabajó junto a los rescatistas como "topo" removiendo escombros, quitando piedras con sus pequeñas manos y participó en el rescate con vida de un bebé; guiando al paramédico para encontrar la salida entre los escombros.

Su participación llenó de satisfacción a este pequeño pero valiente muchacho quién, pudo vencer su temor al ver a una enfermera mutilada de su brazo. Cuando los periodistas lo entrevistaron el declaró que estaba consciente de que había desobedecido la orden de su mamá de no salir de la casa, pero que aún así, no dudaría en volverlo a hacer porque sabía que Dios estaba con él.

¡Asombroso! ¡Qué ejemplo nos da este muchacho! No dudó en ayudar a otras personas en un momento de crisis, aún a riesgo de su propia vida, ya que en cualquier momento podía suceder otra explosión.

En los grupos juveniles de la iglesia también necesitamos rescatistas, personas con un llamado para ser líderes consejeros de nuestros jóvenes y adolescentes. Necesitamos líderes y pastores de jóvenes que quiten las piedras y los escombros y que remuevan todo aquello que esté a punto de terminar con los sueños y las vidas de tantos jóvenes y señoritas que viven en medio de explosiones. Pero para ser un buen rescatista se requiere determinar de qué tipo de explosión se trata, cuál es el mejor camino de entrada y cuál es la mejor manera de sacar a la persona del peligro que amenaza su seguridad y su vida.

Así como Jonathan, aquel joven mexicano de 12 años que recibió satisfacción y bendición por su hazaña, nosotros podemos experimentar el gozo que da servir y ayudar a los demás. ¿Cuáles crees que fueron los sentimientos que experimentó este joven rescatista por su servicio a otros?

✓ Gozo

✓ Dependencia de Dios

---

*Se denomina **topos** a varias brigadas o grupos de rescatistas voluntarios que se formaron a partir del terremoto de la Ciudad de México en 1985. Ellos y ellas reciben entrenamiento para dar respuesta inmediata utilizando principalmente cuerdas, picos, palas, martillos, hachas, sierras eléctricas, camillas, material médico y además perros de búsqueda que ayudan a localizar personas vivas.*

✓ Se sintió útil

✓ Sirvió a los demás con amor

✓ Satisfacción

✓ Celebró la vida

✓ La bendición de salvar la vida de alguien

✓ Alegría de ser un instrumento útil

¿No sería hermoso compartir esa misma experiencia, ayudando a nuestros jóvenes cuando sus vidas peligran, por medio de la consejería? ¿No sería maravilloso convertirnos en rescatistas? El propósito de estas lecciones es proveer las herramientas que necesitan los consejeros de jóvenes para ser buenos rescatistas.

Comencemos entonces por definir ¿quién es un rescatista? Es una persona capacitada para acudir al rescate de alguien que está atrapado en un desastre. Su tarea es semejante a la del consejero, entonces ¿quién es un consejero? Es alguien que facilita un aprendizaje integral mediante la escucha atenta y un diálogo de confianza, ayudando así a los jóvenes a salir de sus escombros y tomar sus propias decisiones.

Los detonantes de pólvora a punto de explotar

En esta sección vamos a identificar los detonantes que provocan explosiones.

Los adolescentes y los jóvenes necesitan de especial atención en esta etapa de su desarrollo entre la niñez y la vida adulta, en la que enfrentan muchos cambios, ya que los comportamientos que adopten ahora afectarán no solo su vida en el presente sino también su futuro.

Todo buen rescatista debe aprender a leer entre líneas las conversaciones y actitudes de sus jóvenes; para ello necesita observar su manera de actuar, de verse a sí mismo, de hablar, de comportarse y de relacionarse. Es en esta observación que pueden detectarse esas señales o detonantes de una futura explosión en sus vidas. Esto es semejante a cuando se acerca un terremoto o hará erupción un volcán. Los especialistas que pueden ver las señales, pueden anticipar el riesgo y alertar a la gente para el estallido no cause tanta muerte y destrucción.

¿Qué cosas pueden ser un detonante en la vida de los jóvenes? Aquí algunas notas:

• Su impulsividad y su automedicación puede anunciarnos una adicción o vicios.

• Sus temores y paranoia puede indicarnos una intimidación.

Las estadísticas acerca de los suicidios son alarmantes. Son 20 millones de personas que lo intentan y un millón de personas que lo logra cada año en el mundo. Esta cifra es mayor que la suma de víctimas de guerras y homicidios. El 5 % de las personas en el mundo hacen una tentativa de suicidio por lo menos una vez en su vida. Según la OMS en los últimos años la tasa ha aumentado en 60 % en algunos países. Para América Latina la mayor incidencia de suicidio se presenta en jóvenes entre 15 a 19 años de edad.
En Cuba el suicidio es la tercera y cuarta causa de muerte entre las edades de 10 a 19 años, en los años 2010-2011 (Alba Cortés Alfaro).

Lección 1 - Se necesitan rescatistas

• Sus ataduras a otras personas y su deseo de agradar a todos nos muestra la codependencia.

• Su constante depresión, conmiseración y frustración nos puede indicar tendencia al suicidio.

• Observar su color de piel y su forma de comer nos puede hablar de su anorexia y bulimia.

• Su secretismo y constante vida a escondidas nos puede señalar adicción a la pornografía y la práctica de la masturbación o fornicación.

• Sus acciones y palabras al responder de manera brusca y tosca puede mostrarnos su vida violenta o abuso intrafamiliar.

• Sus malas palabras o mentiras pueden indicarnos cuán lejos está de Dios y su falta de compromiso espiritual.

• Su inasistencia y su indiferencia a la iglesia puede ser señal de su caída en pecado.

Perfil de los rescatistas o consejeros

Ahora hablaremos de las cualidades de los buenos rescatistas.

Partiendo de las Escrituras, en la carta de los Efesios 4:12-16 dice: *"Él mismo constituyó a unos, apóstoles; a otros, profetas; a otros, evangelistas; y a otros, pastores y maestros, a fin de capacitar al pueblo de Dios para la obra de servicio, para edificar el cuerpo de Cristo."*

El apóstol Pablo enseñó que los dones que el Espíritu Santo reparte en el liderazgo de la iglesia son para usarse en la edificación del cuerpo de Cristo. Es para este propósito que Dios llamó a pastores, maestros, misioneros y también consejeros. Este mismo propósito debe ser la pasión que motive a quienes han sido llamados para edificar y bendecir la vida de los jóvenes.

Cada profesión tiene un perfil, que consiste en una descripción de las características que una persona necesita para desempeñarse con eficiencia en su trabajo. El modelo de Jesús nos muestra claramente que el objetivo de la consejería es transmitir fe y esperanza.

¿Cómo podemos definir entonces el perfil de un consejero de jóvenes? Veamos algunas de sus características:

1. **Lleno del Espíritu Santo:** El rescatista tiene que gozar la plenitud del fruto del Espíritu Santo en su vida, es decir, tener fruto en su vida –como el amor, el gozo, la paz, la paciencia, la benignidad, la bondad, la fe, la mansedumbre y la templanza (según Gálatas 5:22-23).

2. **Vida compasiva:** A Jesús le interesaba ayudar a las personas, aliviar su dolor y llenar sus necesidades, por lo tanto debemos verles con misericordia, enseñándoles a vivir en la Palabra de Dios (Marcos 6:34).

Perfil:
Conjunto de rasgos peculiares que un puesto de trabajo engloba a nivel de educación, nivel de formación, experiencia y habilidades intelectuales y/o físicas (Wikipedia).

3. **Manso y humilde:** Los rescatistas no deben condenar a nadie, sino que deben aceptar a los jóvenes tal como son. Jesús aceptó a las personas y las miró no por lo que ellas eran, sino por lo que llegarían a ser con su ayuda. Por ejemplo: Zaqueo era un ladrón (Lucas 19), la samaritana era una persona señalada (Juan 4), recibió a otra mujer que era adúltera (Juan 8), pero a todos ellos Jesús les dignificó como seres humanos, dándoles esperanza; no los condenó, sino que les perdonó y les dijo que no pecaran más. Su encuentro con Él marcó sus vidas, marcando un antes y un después en su historia.

4. **Dispuesto a edificar y ayudar a otros:** El propósito de dar consejo debe ser la edificación de las vidas, sostener y fomentar su crecimiento. Las palabras del consejero deben animar, impulsar, estimular y ayudar al joven a llevar su carga, como dice Gálatas 6:2.

5. **Debe ser empático:** Los consejeros deben mirar la situación a través de los ojos y sentimientos del joven, es decir, ponerse en su lugar y tratar de comprender su situación. Como dice Romanos 12:15: *"Gozaos con los que se gozan; llorad con los que lloran."*

6. **Escuchar profundamente:** Muchos jóvenes están sedientos de ser escuchados. El escritor Gary Collins en su libro: Consejería cristiana efectiva, cita las palabras de Dietrich Bonhoeffer: *"Muchas personas están buscando un oído que escuche. Frecuentemente no lo encuentran entre los cristianos, debido a que son muy inclinados a hablar, sin embargo, el que ya no puede escuchar a su hermano pronto ya no podrá escuchar a Dios."* Este autor nos recuerda que, cuando escuchamos al hermano o hermana, le demostramos cuánto le amamos y que nos interesa (Job 32:11-12).

> *"Cuando tengan dificultades, ayúdense unos a otros. Ésa es la manera de obedecer la ley de Cristo"* (Gálatas 6:2 TLA).

Los recursos para rescatar o aconsejar

Ahora vamos a ver que herramientas incluye el equipo de los rescatistas.

Un topo rescatista entrenado cuenta con equipo específico para realizar su labor de rescate. Entre ellos podemos encontrar:

✓ Casco

✓ Lámpara

✓ Guantes

✓ Mascarilla

✓ Lazos

✓ Botas

✓ Camilla rígida

✓ Arneses

> *Cualquier persona que confía en un ministro sus penas, deposita en el siervo de Dios un tesoro muy valioso. Ese tesoro posee intimidades, vergüenzas, afectos, temores, rencores, culpas y dudas si exponemos ese tesoro ante otros, no solo causaremos problemas, si no que heriremos de muerte a quien confió en nosotros* (Edgardo Muñoz).

Lección 1 - Se necesitan rescatistas

✓ Mochila de primeros auxilios

✓ Agua

Todos estos instrumentos son útiles para el rescate y por lo tanto indispensables a la hora de una tragedia. Lo mismo ocurre con los consejeros cristianos ¿Qué elementos deben tener a la hora de un rescate?

✓ La Biblia es indispensable.

✓ La oración: si ayudaremos a otros necesitamos estar cerca del Señor todos los días, buscando sabiduría y oportuno socorro.

✓ Una vida llena del Espíritu Santo (Hechos 1:8).

✓ Un mentor que ora por ti a quien también tenemos que dar cuenta y de quién recibimos consejos sabios.

✓ Libros de consejería bíblicos, centrados en Jesucristo.

✓ Un lugar acogedor para tener la reunión.

La protección del rescatista

En esta sección veremos de qué debe cuidarse el rescatista.

Los rescatistas o consejeros son personas como todos, con sentimientos y debilidades. No son superhéroes o heroínas. Ellos y ellas necesitan que les protejamos para que este ministerio no dañe sus vidas. Algunas áreas de cuidado son:

• No involucrarse demasiado hasta el punto de hacer suyos los problemas del joven.

¿A qué peligros se enfrentan los consejeros cristianos?

• No brindar consejería en privado con personas del sexo opuesto. Esto puede llevar a situaciones peligrosas o de chismes que dañan la reputación del líder. En estos casos es mejor estar en compañía de alguien más.

• Guardar en secreto las conversaciones privadas. Una ética profesional en los consejeros exige no contar a nadie las conversaciones, mucho menos ventilarlas en un mensaje como ilustración.

• Los consejos no tienen que dirigir la vida del joven, sino presentarle opciones para que él pueda decidir el camino que va a tomar.

• Tener cuidado a la hora de confrontar, hacerlo con sabiduría y con el amor de Dios.

• Reconocer nuestras limitaciones y de ser necesario derivar a los profesionales (psicólogos, psiquiatras, entre otros).

• No trabajar solo, buscar ayuda de adultos y del pastor general de la iglesia.

• Ser humilde siempre dando el consejo bíblico, pensando en qué diría Jesucristo si estuviera en nuestro lugar.

Objetivos de los rescatistas

Finalmente veamos algunas metas de los consejeros.

En el servicio de consejería el propósito que se persigue dependerá de la situación que enfrenta el o la joven aconsejada. El consejero debe comenzar por donde se encuentra la persona en su situación actual y acompañarla a tomar las mejores decisiones para que siga creciendo como seguidor de Jesucristo. Este proceso pretende que ellos aprendan a caminar al lado de Dios siguiendo la guía fiel de la Palabra y el Espíritu santo.

Como ya mencionamos, las metas podrán variar dependiendo de la situación presente en la vida del aconsejado, como vemos en la siguiente lista:

✓ Que solucionen sus problemas sacándolos de los escombros.

✓ Que cambien su manera de pensar (Romanos 12:1-2).

✓ Que tengan paz en sus corazones.

✓ Que mejoren sus relaciones interpersonales y amen a su prójimo.

✓ Que se valoren como personas y que se sientan amadas por Jesucristo.

✓ Que crezcan y maduren como jóvenes.

✓ Que perdonen y busquen el perdón.

✓ Que busquen estar en paz con Dios y con otras personas.

✓ Que se acepten tal como son y se amen a sí mismos.

✓ Que sean agentes de cambio.

✓ Que vivan vidas santas y sirvan a los demás.

✓ Que ayuden en la salvación de otros.

"Por eso, hermanos míos, ya que Dios es tan bueno con ustedes, les ruego que dediquen toda su vida a servirle y a hacer todo lo que a él le agrada. Así es como se le debe adorar. Y no vivan ya como vive todo el mundo. Al contrario, cambien de manera de ser y de pensar. Así podrán saber qué es lo que Dios quiere, es decir, todo lo que es bueno, agradable y perfecto" (Romanos 12:1-2 TLA)

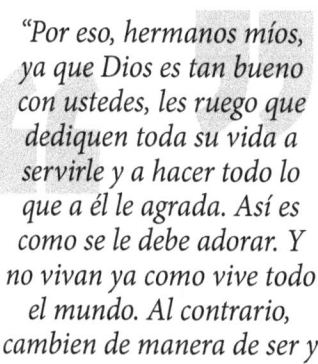

¿QUÉ APRENDIMOS?

Un rescatista encuentra gozo en su vida sirviendo y salvando a los demás. Como en otros trabajos un rescatista debe poseer ciertas características para desempeñarse eficazmente en su tarea. Los rescatistas deben cuidarse a sí mismos y además disponer y usar correctamente las herramientas necesarias para ayudar a los jóvenes que están en problemas.

Lección 1 - Se necesitan rescatistas

Actividades

INSTRUCCIONES:

1. Defina en sus propias palabras quién es un rescatista.
___
___
___

2. Mencione 5 características de un buen consejero. Puede incluir alguna que no se menciona en la lección.
___
___
___

3. ¿Cómo se ha sentido cuando estando en un problema alguien tomó tiempo para escucharle?
___
___
___

4. ¿Cuál es el recurso más importante que debe tener un rescatista, en su opinión?
___
___
___

5. ¿Cuáles de las características de un consejero rescatista deberías cultivar en tu vida?¿Cómo lo harías?
___
___
___

Lección 2

Características
de los consejeros

Objetivos

- Reflexionar sobre el origen, sentido y finalidad de la consejería.
- Apreciar a los consejeros como canales de ayuda de parte de Dios.
- Identificar la preparación especial de los consejeros.

Ideas Principales

- El propósito de la labor de los consejeros es transmitir paz, libertad, liberación, esperanza, vida, salud, sanidad, restauración y reinicio.
- Como consejeros cristianos partimos desde la Biblia y luego de los aportes seculares.

Introducción

Una de las comisiones especiales de los pastores es la de aconsejar. Para realizar este importante servicio, necesitan de mucha sabiduría de parte de Dios, ya que en esta labor se trata con una interminable variedad de temperamentos y personalidades. Los consejeros deben aprovechar las oportunidades para ofrecer esperanza y guiar a las personas a encontrar consuelo y esperanza en Jesús. El pastor consejero tiene que ser perceptivo y observador para identificar el dolor que muchos esconden en lo profundo del corazón.

En una iglesia sana las necesidades de los creyentes son atendidas. En el sentido bíblico la iglesia cristiana debe ser una comunidad terapéutica. Las personas cuando son atendidas y ayudadas en sus necesidades y problemas por medio del sabio consejo, crecen integralmente, sirven a Dios con sus vidas y comparten su fe con otros.

La consejería cristiana bíblica intenta acercar a los seres humanos y sus necesidades a Jesús, por lo cual la consejería tiene que ser basada en las siguientes convicciones:

- La Biblia como base de la consejería.
- La consejería como el canal de ayuda.
- Las personas que son los recipientes de la consejería.
- Los consejeros que deben estar capacitados para aconsejar de forma efectiva.

Estos son los temas que desarrollaremos en esa lección.

Dios como pastor de su pueblo

En esta sección veremos los antecedentes en el Antiguo Testamento.

El propósito de la labor de los consejeros en las vidas de los aconsejados podría describirse con algunas de estas palabras: paz, libertad, liberación, esperanza, vida, salud, sanidad, restauración y reinicio.

*Así como Dios mi Padre me conoce, yo lo conozco a él; y de igual manera, yo conozco a mis seguidores y ellos me conocen a mí. Yo soy su **buen pastor**, y ellos son mis ovejas. Así como el **buen pastor** está dispuesto a morir para salvar a sus ovejas, también yo estoy dispuesto a morir para salvar a mis seguidores (Juan 10:14-15).*

Las raíces de este propósito las vemos claramente en el trato de Dios con su pueblo en el Antiguo Testamento y también en el ministerio de Jesús y la Iglesia Primitiva.

La figura que le adjudicaron al Dios de Israel los escritores del Antiguo Testamento fue la de un pastor, guiando, cuidando sosteniendo, aconsejando y librando a su pueblo. En el Salmo 23:1-2 se describe poéticamente esta imagen: *"El Señor es mi pastor, nada me falta: en verdes pastos me hace descansar."*

Esta comparación del cuidado de Dios hacia su pueblo con el trabajo de un pastor que apacienta su rebaño, se mantiene a los largo de la historia de Israel en el Antiguo Testamento. Finalizado el exilio Babilónico, quienes retornaron a Jerusalén traían en sus corazones la esperanza mesiánica de que Dios sería el pastor para las nuevas generaciones.

Ya en el Nuevo Testamento encontramos a Jesucristo como el buen pastor enviado por el Padre (Juan 10:14-15 y otros) y el "Príncipe de los pastores" que ha de venir (1 Pedro 5:4).

El ministerio de Jesucristo como pastor que restaura a su pueblo se puede ver en tres imágenes en los libros del Nuevo Testamento:

1. En el nuevo Reino iniciado por Cristo: Dios es un pastor que reúne a las ovejas perdidas de Israel y también las que están dispersas en todos los pueblos.

2. En el anuncio de la pasión de Jesucristo: Dios es un pastor que ofrece su vida para morir por su rebaño con el fin de brindarles la esperanza.

3. El Juicio final: En la consumación de su reino, Dios guardará a sus ovejas para siempre y las librará de todo dolor, enfermedad y muerte.

La iglesia primitiva como comunidad terapéutica

En esta sección veremos los antecedentes en la iglesia del primer siglo.

Jesús en tres ocasiones le recomendó a Pedro: "Apacienta, cuida y apacienta mis ovejas y corderos" (Juan 21:15-17), delegándole así la labor de enseñar, cuidar, guiar, aconsejar y velar por el bienestar de la iglesia que estaba por nacer. En los primeros capítulos del libro de los Hechos (2-8) se describen las funciones de la labor pastoral de los primeros líderes apostólicos. Estas eran:

- Predicación de arrepentimiento.
- Formación de grupos pequeños de discípulos.
- Discipulado.

¿En qué sentido pueden ayudar los grupos pequeños a la salud integral de sus miembros?

- Atención a las necesidades de los miembros.
- Atención y solución de problemas.
- Enseñanza y transmisión de la fe.

Esta era una pastoral de adentro hacia afuera, en la cual los laicos participaban en la vida y desarrollo de la misma iglesia.

La iglesia primitiva aporta un modelo de pastoral integral dirigida y centrada en el amor, la compasión, el cuidado, la formación y el servicio. En este modelo participa no sólo el liderazgo de la iglesia, sino también todos aquellos que caminan en el proceso de restauración.

Conforme al modelo bíblico podemos concluir entonces que la Iglesia existe para llevar consuelo a todas las personas, siendo instrumento de salvación y restauración. Por eso una de sus funciones pastorales es reparar las vidas dañadas, para lo cual requiere de hombres y mujeres, jóvenes o adultos capacitados espiritual y académicamente. El rol pastoral de la iglesia debe encauzarse en tres sentidos:

a) La iglesia es un lugar de misericordia.

b) La iglesia es un lugar donde se respeta la dignidad.

c) La iglesia es lugar de enseñanza y aprendizaje.

La preparación de los consejeros

Ahora veremos cómo se debe preparar para ser un consejero.

La consejería es una de las grandes responsabilidades de la iglesia. Por experiencia sabemos que es muy útil cuando es bien administrada, pero puede ser destructiva si no se desarrolla con ética, prudencia y responsabilidad.

En el acto de la consejería el objetivo del consejero para el aconsejado será: consolar, guiar, enseñar, construir, animar y desafiar.

Todo consejero puede pasar por un tiempo de dudas antes de aceptar la responsabilidad. Preguntas como estas suelen ser comunes cuando un líder o una líder está evaluando la posibilidad de iniciarse en este ministerio: ¿Quién soy yo para dar un consejero a otros, si yo mismo tengo mis problemas sin resolver? ¿Seré efectivo en la consejería? ¿Tendré consejos para dar en todas las situaciones? ¿Tendré las palabras correctas para decir?

Ningún consejero se convierte en experto de la noche a la mañana. El cuidado y la consejería pastorales exigen conocer herramientas de varias disciplinarias como ser: teología, psicología, manejo de relaciones, métodos para aconsejar.

¿Por dónde comenzar? Hay ciertas características mínimas que deben cultivar quienes desean proveer cuidado a otras personas por medio de la consejería. Estas son:

- Deseos de ayudar permanentemente.
- Espíritu perdonador.
- Estudioso de la Palabra.
- Practicante de las diferentes disciplinas espirituales.
- Provocar confianza en las personas.
- Confiabilidad y ética hacia el aconsejado.
- Alto grado de sensibilidad.
- Riguroso pero acompañado de flexibilidad.
- Reconoce sus limitaciones.
- Escucha y valora las palabras.
- Diagnostica con fundamento.

> El consejero cristiano es un siervo de Jesucristo:
> - profundamente comprometido y que se deja guiar por el Espíritu Santo;
> - que aplica habilidades, destrezas, preparación, conocimiento, y sabiduría que Dios le da;
> - que se aplica a la tarea de ayudar a otros a avanzar a la realización personal, la competencia interpersonal, la estabilidad mental, y la madurez mental"
> (Gary Collins).

Un consejero debe estar preparado para llegar al corazón de las personas a través de las siguientes prácticas:

- Tener una comunicación significativa.
- Evitar tener una comunicación de juicio.
- Hacer a un lado la crítica y prejuicio exagerado.
- Evitar colocar demandas muy altas o inalcanzables.
- Eliminar la ambigüedad.

¿Cómo definiría en sus propias palabras "comunicación significativa?

Finalmente, el consejero debe conducir a los aconsejados a través de ciertos pasos denominados las "4 R" que se extraen de Lucas 15: 11-24 (NVI):

1. Reconocimiento de la falta.
2. Reconciliación.
3. Restauración.
4. Restitución.

LAS 4 R

| Reconocimiento de la faltta | Reconciliación | Restauración | Restitución |

Lección 2 - Características de los consejeros

El ministerio de la consejería y el cuidado mutuo

Ahora hablaremos de la responsabilidad de cuidado mutuo en la iglesia.

La Biblia ofrece toda una base para el cuidado mutuo, veamos:

Hermanos en Cristo, estoy seguro de que ustedes son muy buenos y están llenos de conocimientos, pues saben aconsejarse unos a otros (Romanos 15:14, TLA).

Base bíblica	Acciones mutuas
Gálatas 6:1-5	Compartir las cargas
Proverbios 15:23	Dar palabras para el afligido
Romanos 12:13	Ser hospitalarios
Mateo 25:31-46	Visitar a los enfermos
Salmos 71:12	Ayudar a personas atribuladas
2 Corintios 7:6	Ayudar a personas desconsoladas
2 Corintios 2:5-11	Perdonar al ofensor
Isaías 57:18	Consolar al enlutado
Proverbios 12:14	Buscar consejo
Santiago 3:17	Buscar de sabiduría

John MacArthur afirma: *"La consejería es responsabilidad de todo creyente, y el único terreno adecuado es la iglesia; estas verdades contienen una fuerte implicación: La participación del pastor y del liderazgo de la congregación es crucial"* (2009: 338).

El trabajo en equipo para el campo de la consejería es una gran estrategia, debido a que el radio de alcance y ayuda a las personas será mayor, por lo tanto la pastoral deberá contar con un ministerio de consejería, que sea acompañada con una escuela de formación y capacitación para los futuros consejeros.

Algunas características para ser una iglesia consejera son las siguientes:

• Una iglesia que invita a la unidad y al compañerismo.

• Una iglesia que edifica a los creyentes en todas las áreas.

• Una iglesia que cuenta con un ministerio de formación espiritual.

• Una iglesia con planes sólidos de consejería, restauración, inserción y seguimiento.

- Una iglesia llena del amor de Dios.
- Una iglesia con ministerio de visitación y consejería continua.

Los consejeros que son parte de una iglesia consejera deberán conocer y tomar en cuenta las 4 fases de las crisis por las que atraviesan jóvenes y adultos, proporcionadas por el Dr. Norman Wright (1990: 34):

CUATRO FRASES DE LAS CRISIS			
Impacto	Escapismo y confusión	Reajuste	Reconstrucción y reconciliación
Dura horas	Dura días	Dura semanas	Dura meses
Queda aturdido	Ira, temor y culpa	Pensamientos positivos	Esperanza

El conocimiento y manejo de las cuatro fases serán un gran recurso para los consejeros, para ubicar a los aconsejados y poderlos conducir en el proceso de la consejería.

La función de la iglesia como consejera partirá desde la predicación, la enseñanza, la evangelización, el discipulado, la visitación y por ende la consejería.

Pasos sugeridos

Veamos ahora unos consejos para la practica de la consejería.

Como vimos la consejería es muy esencial como ministerio eclesial y los líderes de la iglesia deben ser responsables de que los consejeros reciban el entrenamiento adecuado.

El aconsejar es un arte, por lo tanto, quien realiza la labor de consejero tendrá que desempeñarse con profesionalismo y necesitará contar con una buena metodología para realizar con mayor eficacia su rol.

Es por ello que en esta sección se presentan valiosas sugerencias.

En primer lugar será importante contar con una hoja de diagnóstico como esta, para llenar en la sesión inicial de consejería. Veamos un ejemplo en la página siguiente:

Nosotros anunciamos a Cristo, y con toda sabiduría aconsejamos y enseñamos a todos, para que lleguen a ser perfectos como Cristo (Colosenses 1:28).

Hoja de diagnóstico

Nombre del consejero: _____

Fecha: _____

No. de consejería _____

Nombre de la persona: _____

Edad _____ Género _____

Dirección de casa o lugar de trabajo

_____

Estado civil _____

- Descripción general del aconsejado (datos físicos, espirituales, salud)
- Situación por la que desea consejería
- Fase de la crisis en la que llega la persona
- Breve descripción de la situación
- Aspectos observados en la persona
- Consejos brindados por el consejero
- Aportes bíblicos
- Algunos cambios positivos mostrados en el aconsejado

Fecha para la siguiente consejería _____

Otras sugerencias importantes de tomar en cuenta son:

1. Llevar un control individual de las hojas de diagnóstico.

2. Desde el inicio crear un buen ambiente, confianza, quitar barreras ente ambos.

3. Mirar a los aconsejados cuando hablan.

4. Realizar preguntas de interés para captar el interés de las personas.

5. No interrumpir cuando el aconsejado está hablando, buscar el momento adecuado para intervenir.

6. No cambiar de tema bruscamente o de improviso.

7. Crear empatía entre el consejero y el aconsejado.

8. No hacer de la consejería un monólogo; es necesario permitir una retroalimentación y variedad de opiniones.

9. No dar las soluciones, sino guiar al aconsejado para que pueda presentarlas por sí solo.

10. Utilizar la comunicación verbal y evitar la no verbal.

11. Como consejeros cristianos partimos desde la Biblia y luego de los aportes seculares.

12. Las sugerencias pueden ser desarrolladas en una oficina (consejería formal), así como fuera de la oficina, en todo lugar o tiempo (consejería informal).

13. Los consejeros deberán ser cuidadosos al realizar el ministerio de la consejería, ya que se podría agravar la situación o empeorarla en vez de aliviarla.

La consejería puede salvar personas, hogares, familias, jóvenes, adultos, mujeres y hombres; por tanto, es recomendable que durante la consejería se usen técnicas para disminuir la ansiedad, la culpa y la tensión. Desde el principio es necesario brindarle seguridad al aconsejado, de tal manera que la persona pueda controlar sus sentimientos de impotencia y desesperanza y comience a generar cambios positivos.

Los consejeros deberán tener en mente el siguiente cuadrilátero con los elementos que componen la consejería:

PALABRA DE DIOS	EL ACONSEJADO
RESTAURACIÓN INTEGRAL	EL CONSEJERO

Wright comenta *"Uno de nuestros objetivos al aconsejar es ayudar a evitar resultados catastróficos, y es en la consejería y en los tiempos de crisis que tienes excelentes oportunidades para ministrar y ayudar"* (1990: 88).

¿Qué Aprendimos?

Desde los tiempos del Antiguo Testamento Dios se ha revelado como un pastor que se preocupa por el bienestar integral de su pueblo. El propósito de la consejería es conducir a las personas a una vida de sanidad emocional, mental, física y espiritual. La iglesia es responsable de entrenar a quienes han de desempeñarse en este ministerio.

Actividades

Tiempo 20'

INSTRUCCIONES:

1. Evalúen en parejas la función de su grupo juvenil en cuanto al cuidado mutuo. Lean los pasajes y califiquen el desempeño de su grupo colocando en la última columna el puntaje correspondiente según la siguiente tabla:

1. Nunca lo hacemos.

2. Unos pocos lo hacen de vez en cuando.

3. Lo hacemos algunas veces, pero no atendemos a la mayoría de los casos.

4. Los líderes lo hacen siempre.

5. La mayoría lo hace.

6. Todos lo hacemos siempre.

Base bíblica	Acciones mutuas	Puntaje
Gálatas 6:1-5	Compartir las cargas	
Proverbios 15:23	Dar palabras para el afligido	
Romanos 12:13	Ser hospitalarios	
Mateo 25:31-46	Visitar a los enfermos	
Salmos 71:12	Ayudar a personas atribuladas	
II Corintios 7:6	Ayudar a personas desconsoladas	
II Corintios 2:5-11	Perdonar al ofensor	
Isaías 57:18	Consolar al enlutado	
Proverbios 12:14	Buscar consejo	
Santiago 3:17	Buscar de sabiduría	
	TOTAL	

2. En las mismas parejas examinen los resultados de la evaluación y luego respondan: ¿Qué cambios habría que hacer en su iglesia para que se vuelva una comunidad más terapéutica?

_____
_____
_____
_____
_____
_____
_____
_____
_____
_____
_____
_____
_____
_____
_____
_____

3. ¿Cómo crearía un ambiente seguro y sin interferencias para una sesión de consejería?

_____
_____
_____

4. ¿Alguna vez ha sido aconsejado o aconsejada? Mencione algún error que cometió su consejero o consejera y que no se debería repetir.

_____
_____
_____
_____

Lección 3

APRENDIENDO PRIMEROS AUXILIOS

Objetivos

- Conocer los cambios que el adolescente experimenta.
- Comprender la importancia de la consejería orientada a los jóvenes.
- Identificar las cualidades o características que debe poseer el consejero juvenil.

Ideas Principales

- Los jóvenes siguen necesitando oídos que los escuchen y entiendan en lugar de ignorar y acallar sus voces.
- Los adolescentes de nuestros países están en la búsqueda de relaciones significativas.
- La consejería significa relación. El consejero es un líder, una guía, una influencia.

Introducción

Jesucristo nos enseñó a amar al Señor con todo nuestro corazón, mente, alma y fuerza (una relación vertical) y a nuestro prójimo como a nosotros mismos (una relación horizontal). Es por eso que no podemos dejar a un lado este principio tan importante. La consejería es una ciencia y un arte que deben perfeccionar todos los días aquellos que quieren ser de influencia positiva para los que Dios ha puesto bajo su cuidado.

La Biblia nos llama a los hijos e hijas de Dios a ser sal y luz para otras personas. Una manera de ser de bendición para los demás es compartir la Palabra de Dios que edifica las vidas como afirma el Salmo 119: 129-134:

¡Tus enseñanzas son maravillosas!
¡Por eso las sigo fielmente!
Cuando un maestro las explica,
hasta la gente sencilla las entiende.
Deseo conocer tus mandamientos;
¡me muero por entenderlos!
Dios mío,
¡atiéndeme y tenme compasión
como acostumbras hacerlo
con todos los que te aman!
Guíame, como lo has prometido;
¡yo quiero cumplir tus mandamientos! (TLA).

El ministerio de la consejería nos permite ser esos maestros de la Palabra, que personalmente guían a los jóvenes a reordenar sus vidas en los caminos seguros del Señor.

Veamos en esta lección otros aspectos importantes para tener en cuenta al involucrarnos en este ministerio.

El desarrollo evolutivo del adolescente

En esta sección hablaremos de la crisis de la adolescencia.

La Organización Mundial de la Salud considera que la adolescencia culmina a los diecinueve años de edad. Sin embargo, estos rangos varían, ya que dependen estrechamente de ciertos factores sociales, culturales, biológicos y sicológicos que no siempre se dan de la misma manera. La adolescencia es entonces la etapa del desarrollo que sigue a la pubertad y en la que se producen una serie de cambios físicos y psicológicos. Conocer esto es muy importante, ya que muchos de los problemas de los chicos surgen por sus cambios físicos. La misma palabra "adolescencia" proviene del latín *adolechere*, que literalmente significa "experimentar el dolor de crecer". Este proceso es doloroso para el joven quién requiere del acompañamiento de personas más maduras en esta etapa.

En la adolescencia las glándulas sexuales inician su periodo de madurez, apareciendo los caracteres secundarios de los sexos y registrándose una pronunciada diferenciación en las formas corporales del hombre y la mujer.

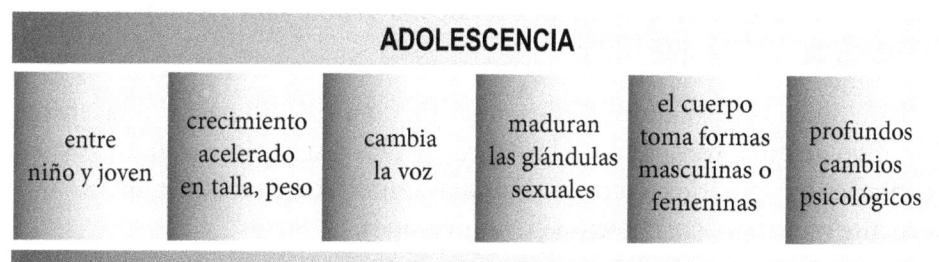

Las emociones de los jóvenes parecen montañas rusas, de modo que necesitan ser enrumbados adecuadamente. Sumado a esto, los padres, líderes y pastores de jóvenes quieren que ellos se adapten a nosotros en lugar de lo inverso.

Las relaciones sanas son el eje de la salud mental, emocional y espiritual. Muchas de las crisis que viven los jóvenes de hoy se relacionan con las relaciones con sus padres, hermanos y otros parientes, con sus amigos, mentores y aun con Dios. La soledad, el sentirse de poco valor, la rebeldía, homosexualidad, y otros problemas tienen base en relaciones quebrantadas.

En la mayoría de los adolescentes, los conflictos con los padres suelen estar relacionados con temas de la vida cotidiana, como las tareas domésticas, los estudios, los horarios, las amistades, etc. Al final de la adolescencia, el conflicto es más probable cuando se trata de temas relacionados con el consumo de alcohol o la sexualidad. Por lo general, la discordia aumenta a comienzos de la adolescencia, se estabiliza hacia la mitad de esta etapa y disminuye después de que el adolescente ha alcanzado los 18 años.

CAMBIOS PSICOLÓGICOS EN LA ADOLESCENCIA

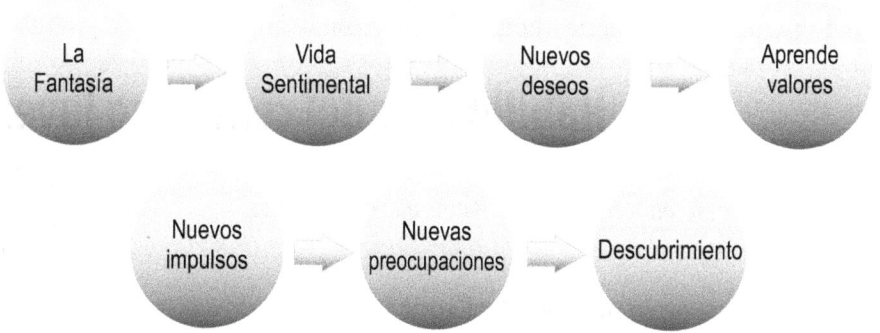

Larry Crabb escribe *"Para muchos de nosotros nuestra primera prioridad no es ser como Cristo en medio de nuestros problemas, sino encontrar la*

Lección 3 - Aprendiendo primeros auxilios

felicidad. Yo quiero ser feliz pero la verdad paradójica es que nunca seré feliz si me preocupo antes que nada de lograr la felicidad." Como nos dice la Biblia en San Juan 8:31-32, la tarea de consejería es reemplazar creencias erróneas con la verdad, ya que la verdad libera al ser humano cuando la cree y la obedece.

¿Aconsejar yo?

Veamos ahora por qué debemos involcrarnos sin excusas.

¿Me ha llamado Dios al ministerio de consejería? Es una de las tantas preguntas que los lideres se hacen. Pero esta no es la pregunta correcta, la pregunta acertada que necesitamos responder es: ¿Me ha llamado Dios a ser de influencia y bendecir a otros con mi vida? Como mencionamos anteriormente, si eres un hijo o hija de Dios, tienes un llamado puntual y claro a ser luz y sal en el mundo, a ser de bendición para los demás y a transmitir la Palabra que edifica.

¿Cuáles son las evidencias que se pueden observar en una persona que tiene dones para la consejería espiritual?

Para muchos la sola idea de desnudar su alma ante un pastor o sacerdote es motivo de duda, vergüenza o hasta ira. Se dice a sí mismo: ¿Cómo voy a contarles mis pecados a otro ser humano imperfecto igual que yo? Es frecuente escuchar esta objeción en las personas.

Pero necesitamos recordar que la práctica de la consejería espiritual no fue inventada por una religión o institución. Santiago 5:16 dice: *"Por eso, confiésense unos a otros sus pecados, y oren unos por otros, para que sean sanados. La oración del justo es poderosa y eficaz."* Aunque algunos piensen que esta práctica fue inventada por una institución a fin de mantener el control de las cosas, obviamente esta es una práctica saludable para la iglesia, establecida por Dios hace miles de años con el fin de cuidarnos y hacer más sencillo nuestro caminar por esta tierra.

Los adolescentes de nuestros países están en la búsqueda de relaciones significativas. Ellos y ellas necesitan relacionarse con personas que puedan darles respuestas en sus crisis de identidad, en sus conflictos en casa y en sus luchas espirituales; personas que no les juzguen por lo que hacen, sino que les den una palabra sabia de aliento y dirección.

Los adolescentes de nuestros países están en la búsqueda de relaciones significativas. Ellos y ellas necesitan relacionarse con personas que puedan darles respuestas en sus crisis de identidad, en sus conflictos en casa y en sus luchas espirituales; personas que no les juzguen por lo que hacen, sino que les den una palabra sabia de aliento y dirección.

Habilidades del consejero juvenil

Ahora vamos a conocer las herramientas que necesitamos.

La Palabra de Dios nos dice en Éxodo 18:19-20: *"Oye bien el consejo que voy a darte, y que Dios te ayude. Tú debes representar al pueblo ante Dios y presentarle los problemas que ellos tienen. A ellos los debes instruir en las leyes y en las enseñanzas de Dios, y darles a conocer la conducta que*

deben llevar y las obligaciones que deben cumplir". Todo ministerio debe ser relacional, es decir enfocado en las personas. En nuestra relación con los jóvenes lo fundamental debe ser acompañarlos en el proceso de madurez, corrigiéndoles y aconsejándolos mientras que están a nuestro cargo. Recordemos que las ovejas jóvenes no estarán perpetuamente con nosotros, cuando crezcan pasarán al rebaño de las maduras.

Cuando falta el consejo, fracasan los planes; cuando abunda el consejo, prosperan (Proverbios 15:22).

Tomemos en cuenta las herramientas principales para ser un consejero juvenil eficaz:

- *El arte de escuchar: "Mis queridos hermanos, tengan presente esto: Todos deben estar listos para escuchar, y ser lentos para hablar y para enojarse (Santiago 1:19).*

- *Relaciones: "El hombre que tiene amigos ha de mostrarse amigo; y amigo hay más unido que un hermano (Proverbios 18:24).*

- Tener madurez: *"¿Acaso puede un ciego guiar a otro ciego? ¿No caerán ambos en el hoyo? (Lucas 6:39).*

- Veracidad: *"Son muchos los que proclaman su lealtad, ¿ pero quién puede hallar a alguien digno de confianza"* (Proverbios 20:6).

- Empatía: Identificarnos con las personas y sus problemas es una manera de comunicar a los aconsejados que "estamos con ellos " y que podemos entender cómo se sienten o lo que piensan.

Empatía: *Capacidad de identificarse con alguien y compartir sus sentimientos.*

Recomendaciones para una sana consejería

Finalmente veamos más recomendaciones para la práctica de la consejería.

Dentro de la consejería juvenil pueden existir ciertos riesgos en la relación consejero, aconsejado, por eso se deben tomar en cuenta estos consejos para poder reducirlos:

- **Manipulación**: Se recomienda al consejero realizarse estas preguntas; ¿Me está manipulando? ¿Me estoy pasando de lo que son mis obligaciones? ¿Qué realmente quiere esta persona?

- **Dependencia:** El joven puede exigir más tiempo, atención y así mostrar una creciente dependencia en su aprobación y consejo.

- **Transferencia contraria:** Ocurre cuando las propias necesidades del consejero interfieren con la relación de la consejería, cuando la sesión de consejería se convierte en una ocasión para resolver sus propios problemas, lo más probable es que los aconsejados no serán ayudados.

¿Cuáles son las evidencias de madurez en un consejero espiritual?

El líder debe tener en cuenta las siguientes limitaciones para prevenir riesgos innecesarios para su vida y ministerio:

- Nunca aconseje a nadie ya sea hombre o mujer a puertas cerradas.

Lección 3 - Aprendiendo primeros auxilios

Aconsejar, en su forma más simple, es una persona que busca caminar junto a otra que ha perdido su camino (Jeremy Pierre y Deepak Reju).

- Establezca límites claros en cuanto a su compromiso con el aconsejado, especialmente cuando empiece a notar alguna dependencia, por ejemplo: la frecuencia de los encuentros, las horas de las llamadas, etc.

- Limite su interacción con el sexo opuesto, si debe interactuar con el sexo opuesto incluya a una tercera persona de su confianza.

- Haga que sus obligaciones y limitaciones sean claras para el joven, por ejemplo "No, no puedo prometerte que no le contaré nada a tus padres, pero te puedo acompañar si quieres contárselo tu", no prometa lo que no puede cumplir y no aliente esperanzas que no puede convertir en realidad.

- Cuando sienta que ya no puede manejar la situación o cuando la conducta del adolescente pueda tener consecuencias perjudiciales a largo alcance, como por ejemplo: tristeza crónica, robos, depresión, etc, es necesario pedir la ayuda de un profesional.

En el proceso de consejería debemos aprender a desarrollar las relaciones. Lo que distingue al cristianismo de todas las religiones del mundo es que está centrado en las relaciones. Jesucristo es nuestro mejor modelo. Destinar tiempo de calidad para la atención de las personas dentro del ministerio es muy importante para la efectividad del mismo.

¿QUÉ APRENDIMOS?

Los adolescentes pasan por diversas crisis y necesitan del acompañamiento de consejeros capaces de mostrar empatía y guiarles a tomar las mejores decisiones para sus vidas basados en los principios y mandamientos de la Palabra de Dios.

Actividades

Tiempo 20'

INSTRUCCIONES:

1. En grupos de 3 a 4 integrantes anoten en una hoja los cambios físicos, emocionales, sociales y psicológicos que vive el adolecente.

_____
_____
_____
_____

2. ¿Cuales pueden ser algunos problemas que enfrentan hoy los adolescentes y que pueden llevarles a buscar consejo?

_____
_____
_____
_____

3. ¿Qué consejo le darían a este joven? Dividan la clase en tres grupos. Cada uno toma un caso, lo resuelve y luego comparte con el resto de la clase. Para resolver el caso escriban las preguntas que harían al joven o la joven para guiarle a tomar una decisión con base en la Palabra. Anoten el o los textos bíblicos que usarían como base para esta orientación.

Caso 1: Sandro es un joven de 17 años. El dice que siempre ha sabido que es un malhumorado, pero que últimamente está más malhumorado de la cuenta. Casi todo lo enoja, y tiende a explotar fácilmente, a decir cosas sin pensar, a insultar y hasta golpear las cosas o lanzar objetos. Esto le ha estado causando problemas con sus padres. Cuando ya está tranquilo sabe que ha hecho mal, y se siente culpable.

Caso 2: Alicia es una joven de 15 años. Ella ha tenido un "novio" por algunos meses compañero de colegio. Pero ahora le gusta otro joven de la iglesia que quiere salir con ella. Ella dice que no sabe qué decidir, porque le gustan los dos por igual.

Caso 3: Jairo es un chico de 13 años. Sus padres se acaban de divorciar y debe escoger con quien quiere vivir. El se lleva bien con su padre y discute mucho con su madre, pero reconoce que su madre se preocupa por sus estudios, por su dieta, por su asistencia al grupo de jóvenes de la iglesia y por sus relaciones. Su padre no ejerce casi nada de control sobre sus salidas, sus estudios, pero es bondadoso en darle dinero para todo lo que se le antoja.

Notas

Lección 4

¡Nadie me entiende!

Objetivos

- Aprender a identificar las necesidades del joven.
- Categorizar las diferentes necesidades.
- Reflexionar sobre el acompañamiento que los jóvenes necesitan.

Ideas Principales

- La mejor manera de mostrar amor a los jóvenes es brindarles atención de calidad.
- Necesitamos identificar las necesidades del joven para proveer consejería adecuada.

Introducción

¿Cuántas veces hemos escuchado decir a los jóvenes "¡Nadie me entiende!" Ser joven hoy es muy diferente a cuando nuestros padres fueron jóvenes y eso produce enfrentamientos y desacuerdos entre las diferentes generaciones.

Los problemas, presiones, filosofías y tendencias que influencian hoy a la juventud son diferentes. Los jóvenes de hoy necesitan ayuda desesperadamente. ¿Cómo podemos ayudar a los jóvenes en las diferentes problemáticas que enfrentan?

Comencemos por definir: ¿Qué es una necesidad? El término necesidad deriva del vocablo latino *necesitas*, según el diccionario de la Real Academia Española (RAE), el término tiene múltiples usos y significados, veamos:

a) Las necesidades son propias de todo organismo vivo y consisten en una sensación provocada por la idea de que nos falta algo ya sea a nivel material, orgánico o sentimental. Se trata de uno de los componentes fundamentales en la vida, no solo humana sino también de las demás especies. Es la necesidad la que lleva a que los seres vivos se movilicen en busca de objetivos que les sirvan para satisfacer aquello que consideran que precisan.

b) Carencia de las cosas que son menester para la conservación de la vida.

c) Peligro o riesgo ante el cual se precisa auxilio urgente.

Ante estas definiciones podemos observar que una necesidad en la vida del joven es un tema de suma importancia, por lo tanto se les debe prestar atención de manera urgente. En esta lección vamos a ahondar en esas necesidades para comprenderlas mejor, lo que facilitará el poder brindar a los jóvenes la asistencia adecuada.

*Una **necesidad** es aquello que resulta indispensable para vivir en un estado de salud plena. Las necesidades se diferencian de los deseos en que el hecho de no satisfacerlas produce resultados negativos evidentes, como puede ser una disfunción o incluso el fallecimiento del individuo. Pueden ser de carácter fisiológico, como respirar, hidratarse o nutrirse (objetivas); o de carácter psicológico, como la autoestima, el amor o la aceptación (subjetivas) (Wikipedia).*

¿Cómo descubrir las necesidades?

En esta sección aprenderemos a ser perceptivos a las necesidades.

Cuando estudiamos las necesidades humanas vamos a descubrir que existen distintos tipos de ellas, muchas de las cuales pueden ser comunes para un gran número de jóvenes, y otras pueden manifestarse con diferentes grados de intensidad. Podemos afirmar que ningún joven escapa de ellas. Las siguientes prácticas nos serán de mucha utilidad para identificarlas:

- **Dedicar un tiempo de oración:**

Dios responde a nuestras necesidades cuando las expresamos con nuestras palabras en la oración. Es fundamental tomar un tiempo para interceder a favor de nuestros jóvenes. En cuanto sea posible hagámosles saber que estamos orando por ellos y ellas. Si tenemos la oportunidad, preguntemos si tienen alguna petición en especial. Este gesto será significativo para ellos y también puede ayudarnos a tener un acercamiento o una oportunidad para escuchar sus necesidades.

- **Observar a los jóvenes:**

En muchas ocasiones la conducta de los jóvenes pone de manifiesto sus necesidades y carencias. Una conversación en la que un tema se repite constantemente puede ser una señal de una necesidad, puede ser también una de las maneras que el joven use para manifestar que necesita ayuda.

- **Acercarse a las personas y amarlas:**

El amor es la mejor herramienta pedagógica en nuestras manos. Los jóvenes, como todos los seres humanos, responden al amor y al interés genuino por ellos. En respuesta a nuestro amor los jóvenes abrirán su corazón. Entonces podremos conocer su personalidad real y sus necesidades personales.

- **Ganar confianza:**

Confiar es sinónimo de seguridad, compañerismo, amistad, aprecio. A la mayoría de los jóvenes y adolescentes les es difícil confiar en alguien, en muchos de los casos ellos ponen su confianza en personas equivocadas exponiéndoles sus necesidades, lamentablemente muchos de ellos no son guiados de la manera correcta por la gente de su entorno. Por eso es importante que nosotros como líderes cristianos busquemos la confianza de ellos, que los jóvenes comiencen a vernos como sus amigos y no solamente como líderes juveniles. En algunas ocasiones el título puede convertirse en la barrera que evita que se construyan buenas relaciones.

- **Desarrollar discernimiento:**

Trabajar y ministrar personas requiere de discernimiento. Con la ayuda del Espíritu Santo podemos interpretar lo que oímos y observamos. Podemos hacer preguntas como: ¿Cuál es la razón para este comportamiento? ¿Qué hay detrás de esta conducta? Es muy importante el discernimiento para no quedarnos tan solo en lo aparente o superficial y poder aprender a distinguir entre lo que es meramente un síntoma y el problema o necesidad real que lo causa.

Pero el que tiene bienes de este mundo y ve a su hermano tener necesidad, y cierra contra él su corazón, ¿cómo mora el amor de Dios en él?
(1 Juan 3:17).

¿Cuáles son las formas que los líderes pueden demostrar amor e interés a los adolescentes y jóvenes en tu cultura?

Es muy importante el discernimiento para no quedarnos tan solo en lo aparente o superficial y poder aprender a distinguir entre lo que es meramente un síntoma y el problema o necesidad real que lo causa.

- **Conocer el entorno:**

Todas las personas somos influenciadas de manera consciente o inconsciente por los ambientes en los que nos desenvolvemos. Los jóvenes se encuentran influenciados y presionados diariamente por sus compañeros, amigos, padres, superiores, medios de comunicación y libros, y muchas veces estas influencias afectan negativamente a su vida –y pueden perturbar su andar con Cristo. Por esta razón es importante que conozcamos el entorno de nuestros jóvenes. Este conocimiento nos ayudará a entender muchas de sus actitudes y comportamientos, y a conocer muchas de las necesidades que los jóvenes encontrarán en su seguimiento del Señor. De esta manera podremos ayudarles a fortalecer mejor su fe y su resistencia a su entorno.

Tipos de necesidades

Ahora conoceremos mejor las carencias de los jóvenes.

Como ya mencionamos todos los seres humanos pasan por diferentes necesidades a los largo de su vida y los adolescentes y jóvenes no son la excepción. Es por eso que necesitamos ahondar en los tipos de necesidades específicas que se presentan en esta etapa de la vida.

1. Espirituales

En Mateo 5:3 Jesucristo dice: *"Dios bendice a los que son pobres en espíritu y se dan cuenta de la necesidad que tienen de él, porque el reino del cielo les pertenece"* (Nueva Traducción Viviente, NTV). Como líderes de jóvenes debemos reconocer que cada día necesitamos más de Dios, no existe nadie que no tenga necesidad de él, independientemente de su edad y sexo. Nuestros jóvenes necesitan buscar más de Dios. Hoy en día vemos en nuestras congregaciones jóvenes, tratando de llenar el vacío que sienten y esto solo Dios puede hacerlo, ellos necesitan de nuestra ayuda. Recordemos cómo Pablo aconsejaba a Timoteo su discípulo, y le ayudaba en su crecimiento espiritual, diciéndole: *"Que nadie te menosprecie por ser joven. Al contrario, que los creyentes vean en ti un ejemplo a seguir en la manera de hablar, en la conducta, y en amor, fe y pureza. En tanto que llego, dedícate a la lectura pública de las Escrituras, y a enseñar y animar a los hermanos. Ejercita el don que recibiste mediante profecía, cuando los ancianos te impusieron las manos"* (1 Timoteo 4:12-14).

Así como Pablo necesitamos preocuparnos por la vida espiritual de esta generación de jóvenes, que está siendo invadida por un sinnúmero de distractores, que buscan que la juventud descuide su vida espiritual.

2. Emocionales

Los jóvenes todos los días reciben mensajes diciéndoles que no son lo suficientemente buenos, delgados o inteligentes. Todos los días la televisión

---

No permitas que nadie te desprecie por ser joven. Al contrario, trata de ser un ejemplo para los demás cristianos. Que cuando todos oigan tu modo de hablar, y vean cómo vives, traten de ser puros como tú. Que todos imiten tu carácter amoroso y tu confianza en Dios. Mientras llego a visitarte, sigue leyéndoles la Biblia a los miembros de la iglesia, y no dejes de animarlos ni de enseñarles. No dejes de usar las capacidades especiales que Dios te dio cuando los líderes de la iglesia pusieron sus manos sobre tu cabeza. El Espíritu Santo habló con ellos y les ordenó hacerlo
(1 Timoteo 4:12-14, TLA).

y las redes sociales promocionan la manera en que debemos vestirnos o cuál es la apariencia física que debemos tener, esto ha generado que millones de jóvenes tengan problemas emocionales o una baja autoestima, y muchos de esos jóvenes están en nuestras congregaciones.

Los medios de comunicación ejercen tanta influencia en la vida de los jóvenes, que gran número de ellos están buscando ser como tal artista o jugador de futbol, mientras andan en la búsqueda de su identidad. No podemos ignorar esta situación. Los jóvenes necesitan ser orientados en sus necesidades emocionales, necesitan palabras de ánimo oportunas de sus líderes. Esas palabras serán valoradas por ellos y no las olvidarán rápidamente. Si los cristianos ya maduros anhelamos el ánimo… ¡imaginemos la manera en que un joven inseguro se asirá a un elogio de parte nuestra! No comentemos solo de su apariencia o sus logros, eso es lo que el mundo valora. Reconozcamos mas bien sus cualidades, carácter, capacidad de análisis, actitud, santidad y esfuerzo.

Siempre tratemos de resaltar lo bueno en nuestros jóvenes, usando palabras de aprobación y mucho mejor si usamos notas escritas.

Es importante enseñar a los jóvenes para que no imiten las conductas ni las costumbres de este mundo: *"No imiten las conductas ni las costumbres de este mundo, más bien dejen que Dios los transforme en personas nuevas al cambiarles la manera de pensar. Entonces aprenderán a conocer la voluntad de Dios para ustedes, la cual es buena, agradable y perfecta"* (Romanos 12:1-2). Siempre tratemos de resaltar lo bueno en nuestros jóvenes, usando palabras de aprobación y mucho mejor con notas escritas.

3. Socioemocionales

En cierta ocasión tuve la oportunidad de leer la historia de una chica la cual manifestaba: "Siento que a causa de mi peso no soy aceptada. Todos reciben un abrazo, pero yo recibo un apretón de manos." Esto no necesariamente lo leemos en un libro, en realidad es lo que a diario muchos de los jóvenes y adolescentes viven en los diferentes lugares donde se desenvuelven (universidad, colegio, centros de diversión, familia, etc.). Los jóvenes que sufren de este tipo de rechazo buscan ser aceptados. La iglesia debe brindar ayuda, apoyo y refugio para todo tipo de personas que se acerquen a ella, lo que también nos hace pensar, que la iglesia necesita estar preparada para recibir con amor y aceptación a este grupo de personas.

Como iglesia podemos reconocer que la popularidad está muy de moda hoy, por lo que también pueden darse acciones discriminatorias en nuestro grupo juvenil. Por ejemplo, hay chicos populares, chicos divertidos, con mucho carisma y que todo mundo quiere saludarlos, pero también existe el grupo de chicos que podemos ignorar porque se apartan, aquellos jóvenes tímidos, reservados, los que quizás no destacan por su físico, no son brillantes en sus calificaciones o en sus logros deportivos. En el grupo juvenil no debemos permitir este tipo de actitudes sino enseñar el valor de la aceptación. Nosotros como líderes debemos ser ejemplo valorando a todos por igual.

"La mayoría de los adolescentes luchan con el amor y con la aceptación. Necesitamos incorporar en sus vidas el precioso conocimiento de que fueron creados como un objeto del amor de Dios. Y nuestros niños necesitan saber que no hay nada –Absolutamente nada– que podrá detener a Dios de amarlos. Él ama y acepta a los adolescentes, independiente de los piercings o los tatuajes, Dios los ama exactamente como son" (Rick Warren).

En la Biblia encontramos el pasaje de aquel hijo que salió de su hogar, abandonando a su familia, inexperto en varias facetas de su vida, pasó hambre y momentos difíciles, pero se dio cuenta y recapacitó, esto lo hizo volver a casa de su padre. Al tomar esta decisión de volver la respuesta fue de aceptación por parte de su padre. Esta es la mejor actitud que se debe tener al enfrentarnos a este tipo de necesidades en los jóvenes que ministramos.

4. Físicas

En los adolescentes y jóvenes la apariencia física es muy importante. Muchos de ellos pasan por estas dificultades incluyendo las enfermedades psicosomáticas (que es el trastorno psicológico que genera un efecto físico, provocando alguna consecuencia en el organismo). El joven Timoteo, hijo espiritual del apóstol Pablo, fue un joven enfermo y su enfermedad consistía en problemas gástricos, por lo que Pablo al conocer su estado físico le recomienda un remedio casero que se aplicaba en aquellos tiempos (1 Timoteo 5:24). Nuestra condición física a menudo afecta un juicio claro, no es tan fácil que el joven o el adolescente anuncie que está enfermo (más cuando la enfermedad es un asunto serio, o hasta terminal) pero su aspecto físico decae, y se refleja en su estado de animo. Como resultado este joven no puede rendir como todos los demás, puede aislarse del grupo, no mostrar interés en participar de las actividades, etc. En estos casos se debe dialogar con él o ella para conocer mejor acerca de la necesitad que está padeciendo y ver la forma en que podemos proveer ayuda.

> La pubertad y adolescencia es una época de grandes cambios a nivel físico, psicológico y social. En las niñas inicia a los 11 años y en los niños, a los 12 y suele durar hasta los 17.
> Los cambios físicos fundamentales y normales son:
> - Crecimiento de huesos y órganos internos.
> - Cambios en altura y formas del cuerpo.
> - Maduración de organos sexuales.

¿Qué Aprendimos?

Es muy importante interesarnos por identificar y comprender las necesidades que enfrentan los jóvenes. Hay un variado espectro de necesidades que aquejan a los adolescentes y jóvenes de nuestra iglesia, por lo cuál, en cada caso necesitamos averiguar si son de origen espiritual, emocional, socioemocional o físico, para dar el tratamiento adecuado.

Actividades

Tiempo 20'

INSTRUCCIONES:

1. Escriba una reflexión personal acerca de estos datos estadísticos de la Organización Mundial de la Salud:

> 800.000 personas se suicidan cada año en el mundo. La tasa de suicidios entre los adolescentes se ha incrementado abruptamente en los últimos años en nuestro continente. El suicidio es una de las tres primeras causas de defunción en el grupo de personas de entre 15 y 44 años y es la segunda causa de fallecimientos en el grupo de niños y jóvenes de entre 10 y 24 años.

_____
_____
_____
_____

2. Piense en los adolescentes de su iglesia y los que conoce de la comunidad. ¿Ha observado algunos de estos síntomas que podrían llevar al joven a atentar contra su propia vida? Marque una x en los síntomas de depresión que ha observado.

__ Trastornos del estado de ánimo.
__ Experimenta una situación estresante en su vida como una muerte en la familia, divorcio de los padres, intimidación, ruptura con un novio o una novia, o mal rendimiento en la escuela.
__ Tiene baja autoestima y es muy crítico de sí mismo.
__ Tiene problemas para socializar.
__ Presenta trastornos de aprendizaje.
__ Tiene una enfermedad crónica.
__ Tiene problemas familiares o problemas con sus padres.
__ Trastornos de ansiedad.
__ Trastorno de hiperactividad con déficit de atención (THDA).
__ Trastorno bipolar.
__ Trastornos alimentarios (como la bulimia o la anorexia).

Otros síntomas que no deberían durar mas de 2 semanas:

__ Irritabilidad frecuente con brotes repentinos de ira.
__ Mayor sensibilidad a la crítica.

__ Quejas de dolores de cabeza, de estómago u otros problemas corporales. Va mucho a la enfermería de la escuela.

__ Retraimiento de personas como los padres o algunos amigos.

__ No disfruta de las actividades que por lo general le gustan.

__ Se siente cansado durante gran parte del día.

__ Sentimientos de tristeza o melancolía la mayor parte del tiempo.

Cambios en las rutinas diarias:

__ Problemas para dormir o está durmiendo más de lo normal.

__ Cambio en los hábitos alimentarios, como no tener hambre o comer más de lo habitual.

__ Dificultad para concentrarse.

__ Problemas para tomar decisiones.

__ Cambios en el comportamiento. Podría tener problemas en casa o en la escuela.

__ Desmejoramiento en las calificaciones escolares, la asistencia, no hace las tareas.

__ Comportamiento de alto riesgo, como conducir de manera imprudente, tener sexo sin protección o el hurto en tiendas.

__ Alejamiento de la familia y los amigos para pasar más tiempo a solas.

__ Alcohol o consumo de drogas

Lección 5

MIS AMIGOS SÍ ME ESCUCHAN

Objetivos

- Definir ministerio juvenil ejemplar, intencional y relacional.
- Identificar sus características.
- Adquirir herramientas para establecer relaciones intencionales de amistad.

Ideas Principales

- Si buscamos ser amigos de los jóvenes debemos de ser intencionales para crear relaciones significativas.
- No podemos discipular sin dar ejemplo y mostrar una vida abierta y transparente.

Introducción

Durante su paso aquí en la tierra Jesucristo fue amigo de toda clase de personas: una mujer que se dedicaba a la prostitución, un cobrador de impuestos que estafaba, y muchos otros que eran corruptos, ignorantes, viciosos, ladrones, inconstantes, impulsivos, ocupados, sin fe, y personas con enfermedades que los segregaban, como por ejemplo ciegos y paralíticos. Lo que ocurrió es que la vida de todos ellos, cuando tuvieron un encuentro con Jesús, cambió completamente. Ellos fueron escuchados por Jesús, no solo de una manera auditiva, Él compartió tiempo con ellos y suplió sus necesidades. Él pudo ver en lo más íntimo de sus corazones y como resultado sus vidas fueron transformadas.

Nuestra meta como líderes es ser más como Jesús. Tú y yo tenemos la oportunidad de poder vivir como Él lo hizo, hoy tenemos la oportunidad de conocer los corazones de nuestros jóvenes, conocer sus necesidades. Dietrich Bonhoeffer escribió: *"Yo soy hermano de mi prójimo gracias a lo que Jesucristo hizo por mí, mi prójimo se ha convertido en mi hermano gracias a lo que Jesucristo hizo por él... él no es un hombre necesitado de amistad, sino es el hombre que Jesucristo ha salvado, a quien ha perdonado los pecados y ha llamado como a mí, a la fe y a la vida eterna. Por tanto... lo que verdaderamente fundamenta nuestra comunidad no es lo que nosotros podamos ser en nosotros mismos... sino aquello que somos por el poder de Cristo."*

En esta lección veremos que Jesús es el modelo para todo ministerio relacional. Todo ministerio debe iniciar en el modelo de Jesús.

Jesús y su ministerio juvenil

Veamos el modelo de trabajo de Jesús con la gente joven.

La amistad y amor que tú como líder quieres llegar a dar y tener con tus jóvenes está basada en tu relación con Cristo.

Muchos jóvenes fueron amigos de Jesús cuando Él estuvo en la tierra. En el ministerio del Maestro podemos ver el mejor ejemplo de un ministerio juvenil exitoso. Algunos de los discípulos que Jesús llamó eran adolescentes y jóvenes. Juan era el de menor edad, algunos calculan que tenía entre 12 y 14 años. Jesús comía con ellos, les enseñaba a servir, se reía con ellos, invertía su tiempo en ellos y ellos podían ver su ejemplo las 24 horas del día.

Como resultado del ministerio juvenil de Jesús los jóvenes discípulos aprendieron a cultivar una relación íntima con Dios, fueron llenos del Espíritu Santo y sus vidas fueron transformadas. Estos jóvenes fueron instrumentos para milagros, se convirtieron en predicadores y maestros de la Palabra, escribieron evangelios, libros y cartas que han formado las vidas de miles de cristianos hasta hoy; estos jóvenes no tuvieron miedo de hablar de Cristo.

Si tratamos de encontrar una definición de qué es el ministerio juvenil intencional y relacional lo mejor es volver a las palabras de Jesús en Mateo 22:37-39: *"Amarás al Señor tu Dios... y a tu prójimo como a ti mismo."* Esta es la mejor definición; el ministerio juvenil se resume en simplemente "amar".

Tenemos que entender que fuimos creados para vivir en comunidad, para estar conectados. En una ocasión un maestro de la pastoral juvenil expresó: "Si no amas a los jóvenes, entonces tampoco los regañes ni les llames la atención." El ministerio juvenil intencional y relacional se fundamenta en el amor.

Ser intencional

En esta sección veremos cómo iniciar relaciones de amistad con los jóvenes.

Un gran teólogo dijo: *"Aquel que ha experimentado, aunque sea una sola vez, la misericordia de Dios en su vida, en adelante no desea más que una cosa: Servir a otros. Ya no le atrae el papel pretencioso del juez, sino que desea encontrarse entre los pobres y humildes allí donde Dios lo ha encontrado."*

Si buscamos ser amigos de los jóvenes debemos de ser intencionales. ¿Cómo? Aquí algunas ideas:

1. Tener un concepto correcto de sí mismo.

En Romanos 12:3 dice: *"Por la gracia que se me ha dado, les digo a todos ustedes: Nadie tenga un concepto de sí más alto que el que debe tener, sino más bien piense de sí mismo con moderación, según la medida de fe que Dios le haya dado."* El líder no debe olvidar que sus más oscuros pecados han sido perdonados por el Salvador. Un correcto concepto de si mismo, le llevará a reconocer que necesita la misma gracia del Señor que sus jóvenes necesitan. En su forma de tratar con los jóvenes se podrá ver que todos necesitamos diariamente el perdón y amor de Jesús.

2. Entregar su voluntad al plan de Cristo.

¿Cómo líderes estamos dispuestos a considerar más importante y más urgente la voluntad del prójimo que la nuestra? ¿Cómo reaccionamos cuando las cosas no se hacen como nosotros pensamos que deben ser? ¿Acaso no es mejor servir al joven que imponerle nuestra propia voluntad como líderes? No es fácil someter nuestra voluntad a la de otro, solo

Dios en su bondad me nombró apóstol, y por eso les pido que no se crean mejores de lo que realmente son. Más bien, véanse ustedes mismos según la capacidad que Dios les ha dado como seguidores de Cristo
(Romanos 12:3, TLA)

puede hacerse entregando a Jesús el señorío sobre nuestra vida . Cuando sometemos nuestros deseos a los de Cristo podremos ver cómo nuestro ministerio juvenil es transformado.

3. Cambiar sus paradigmas.

El líder juvenil debe ser flexible y cambiar algunas cosas en la forma en que se ha venido desarrollando el ministerio en su iglesia local. Por ejemplo, las relaciones están por encima de los programas. No se trata de centrar el ministerio en el éxito de un programa o estrategia, no se trata de centrarse en cambiar reglas o agregar tareas, no se trata de centrar el ministerio en un líder, convirtiéndole en un superhéroe. Se trata de desarrollar una vida de dependencia e intimidad con Jesús, que a su vez se vuelva un modelo que los chicos puedan seguir.

4. Amar aunque no le amen.

¿Estamos dispuestos a ser sus amigos? ¿Estamos dispuestos a amarlos, aun cuando ellos nos rechacen, hablen mal o se burlen de nosotros? Dice la Biblia: *"!Que amar sea tu meta más alta!"* (1 Corintios 14:1a NTV). ¡Qué meta tan sublime!, ya que encontramos en Jesús que aunque Él fue desechado, no se rindió por amor a la humanidad, todo lo que Él creo e hizo fue por amor.

> *"Aquel que ha experimentado, aunque sea una sola vez, la misericordia de Dios en su vida, en adelante no desea más que una cosa: Servir a otros. Ya no le atrae el papel pretencioso del juez, sino que desea encontrarse entre los pobres y humildes allí donde Dios lo ha encontrado."*

Ser ejemplo

En esta sección aprenderemos a ser mejores ejemplos a los jóvenes.

Los jóvenes están cansados de ver adultos que dicen una cosa y hacen otra. Hemos conocido a muchos líderes que no admiten sus problemas y parece que no tuvieran debilidades. ¿No nos ha pasado que de repente pensamos que el pastor o algún líder nunca han pecado y eso nos impide hablar con ellos de nuestras debilidades porque pensamos que se van a espantar?

En una ocasión en una publicación en Facebook se exponía una lista de los grupos que se creen más que otras personas en el mundo y en esa lista incluyeron a los cristianos ¡y tambien a los Nazis! ¿Será que la gente nos ve lejanos y ajenos, y suponen que no es posible vivir de la forma en que nosotros predicamos que se debe vivir? ¿Cómo podemos romper con ese paradigma? Veamos algunas ideas:

Vayamos juntos

Mostremos a los jóvenes que tenemos la misma necesidad de Dios y que estamos en la misma búsqueda de Cristo.

Seamos reales y honestos

No les pidamos algo que nosotros no hemos alcanzado. Si estamos en la búsqueda de una mejor relación con Dios hablemos de esto y vayamos

> *No permitas que nadie te desprecie por ser joven. Al contrario, trata de ser un **ejemplo** para los demás cristianos. Que cuando todos oigan tu modo de hablar, y vean cómo vives, traten de ser puros como tú. Que todos imiten tu carácter amoroso y tu confianza en Dios (1 Timoteo 4:12, TLA).*

juntos. Es tiempo de que se levante una generación de líderes más transparentes y menos dependientes de la forma, los títulos, la imagen y el buen discurso.

Respaldemos las enseñanzas

El respaldo que la vida de Jesús daba a su enseñanza produjo un impacto profundo en sus discípulos. Más que cualquier otro elemento, fue su propio carácter y estilo de vida lo que ejerció la más grande influencia sobre sus discípulos. Jesús no solo les enseñó a orar, sino que oró con ellos. No solo les enseñó a perdonar, sino que lo vieron perdonar cuando, desde la cruz, exclamó: *"Padre-dijo Jesús-, perdónalos, porque no saben lo que hacen"* (Lucas 23:24). Podemos ver a través de su vida que el enfoque formativo no estaba solamente basado en la enseñanza, sino en vivir y representar esas enseñanzas con su ejemplo.

Cultivar relaciones significativas

Ahora vamos a ver cómo abrirnos a la amistad.

Las relaciones significativas entre las personas no se dan espontáneamente, aunque existan vínculos naturales; requieren de un esfuerzo para construirlas y sostenerlas en el tiempo. Una vez más recordemos que todo se basa en amar; no podemos dar lo que no tenemos. Si nuestro ser está lleno de la fuente de vida, tenemos mucho que dar.

¿Según tu opinión cuáles son las claves para cultivar amistades duraderas?

Algunos consejos a tomar en cuenta para cultivar mejores relaciones son:

- ✓ La mejor manera de cambiar una relación es cambiando uno mismo por medio de Cristo.

- ✓ Mirar a los demás como Cristo los mira. Revisemos nuestros paradigmas acerca de los jóvenes.

- ✓ Ganemos su confianza.

- ✓ Mantengamos una actitud de unidad.

- ✓ Escuchemos con atencion, captemos sus ideas, no tanto sus hechos.

- ✓ Seamos asertivos al expresarnos. Comuniquémonos con claridad y sin lastimar.

- ✓ Separemos al joven de su conducta. Muchas veces no estaremos de acuerdo con su conducta o sus ideas, pero debemos de aceptar al joven. Debemos valorarlo más por lo que es, que por lo que hace o piensa. Recordemos que cada joven es una creación especial de Dios y con nuestra ayuda llegará a ser un discípulo o discípula fiel.

Lección 5 - Mis amigos sí me escuchan

Algunas ideas prácticas

Finalmente veamos el día a día de las relaciones.

*Lucas Leys:
predicador, entrenador de líderes juveniles y escritor cristiano de origen argentino. Ha sido el Presidente de Editorial Vida y el fundador de Especialidades Juveniles, el ministerio especializado en pastoral juvenil de mayor crecimiento en el mundo de habla hispana.*

Estas son algunas ideas prácticas que Lucas Leys nos recomienda para poder alcanzar a los jóvenes y crear una relación con ellos:

1. Recordar sus nombres.

Cuando no sabemos el nombre de ese joven le hacemos sentir que no es lo suficientemente importante. ¿Por qué alguien de quién no recordamos ni el nombre va a querer seguir nuestros consejos? Si tenemos dificultad para recordar algo que es tan importante, necesitamos crear alguna técnica usando fotos, una libreta, u otro medio).

2. Estimularles con aplausos y palmadas.

Los seres humanos necesitamos del estímulo de otras personas. Nos encanta cuando alguien se da cuenta de algún esfuerzo que hemos hecho. Hay algunos valores, actitudes y aptitudes que deben constantemente ser aplaudidos y afirmados en los jóvenes, como ser: disponibilidad, honestidad, obediencia, sentido del humor, fidelidad, puntualidad, esfuerzo extra, voz fuerte, sonrisa, nuevo peinado, conocimiento bíblico, defender a otros de burlas, buen rendimiento académico, etc.

3. Escuchar activamente.

*Si alguno dice: "Yo amo a Dios", pero odia a su hermano, es mentiroso, pues el que no ama a su hermano a quien ha visto, ¿cómo puede amar a Dios a quien no ha visto?
(1 Juan 4:20, VRV 1995)*

Los líderes a veces somos tan propensos a hablar que nos cuesta demasiado escuchar. Santiago 1:19 dice: *"Por esto, mis amados hermanos, todo hombre sea pronto para oír, tardo para hablar, tardo para airarse"* (VRV 1995).

4. Mantenerse en contacto.

Cualquier excusa es buena para hacer contacto con los jóvenes fuera del ámbito del templo. Si como líderes espirituales queremos influenciar en la vida de los jóvenes tenemos que involucrarnos con lo cotidiano en su vida. Hoy contamos con muchos recursos como el teléfono, el correo, el e-mail y otros para estar cerca cuando tienen necesidades. Es bueno hacer contacto con un joven cuando pensemos en él o ella, sin razón aparente, cuando tenemos un tiempo de no verle. El motivo puede ser variado, para preguntar cómo ha estado, para agradecerle, para afirmarle, para animarle, para coordinar un encuentro, entre otros.

5. Utilizar frases inteligentes.

Es bueno recordar que el discipulado es más un diálogo que un monólogo, por eso al hablar con los jóvenes es recomendable usar frases que motiven la conversación. Por ejemplo podemos usar frases y preguntas como estas:

- ¿Qué crees que Dios te está enseñando?

- Tú puedes hacerlo muy bien, no te rindas.

- ¡Qué buena idea!, dime más acerca de eso.

- Gracias por ayudar.

- ¿Quieres venir conmigo?

- Estamos seguros de que tomarás una buena decisión.

- ¿Qué piensan tus padres?

- Me gusta tenerte en la iglesia.

6. Ser real.

Ya hemos mencionado que como líderes tenemos que ser ejemplo. No debemos emplear un lenguaje difícil, algo que ellos no puedan manejar. No tenemos que pedirles cosas que ellos no pueden hacer y que nosotros tampoco hacemos. Si por ejemplo, hablamos de la masturbación, lo mejor es compartir cómo nosotros hacemos para rechazar esta tentación cuando llega. Si les hablamos de santidad, lo mejor es compartir experiencias de nuestra vida.

Cuando compartimos de nuestras experiencias de vida con los jóvenes, ellos pueden ver un ejemplo real del siglo 21 y de carne y hueso, uno que pueden imitar.

7. Abrirse a los muchachos.

Permitamos que los chicos vean quienes somos. Es crucial para ellos que puedan relacionarse con nosotros, no solamente en el tiempo de actividades en el templo. ¿Qué tal invitarlos a nuestra casa? Si estamos casados debemos recordar que nuestro matrimonio será un modelo para ellos, los jóvenes verán como tratamos a nuestra esposa o esposo. Si estamos en una relación de noviazgo, con más razón nos estarán mirando. Por eso es bueno invitarles a que pasen una tarde con nosotros. Que bueno sería que al final piensen: "Yo quiero amar como él ama a su esposa".

¿Qué Aprendimos?

Para cultivar relaciones significativas con nuestros jóvenes debemos seguir el ejemplo de Jesús, quién fue intencional, fue ejemplo y creó una relación significativa con sus discípulos.

Lección 5 - Mis amigos sí me escuchan

Actividades

INSTRUCCIONES:

1. Escriba el nombre de tres líderes que influenciaron en su vida porque cultivaron una amistad intencional y relacional. Mencione algunos aspectos importantes que ellos modelaron y que sería bueno repetir en su ministerio.

Lider 1
_____
_____

Lider 2
_____
_____

Lider 3
_____
_____

2. Escriba el nombre de unos dos o tres jóvenes con los que pudiera iniciar este mes una relación de amistad. Luego planee las primeras tres acciones que realizará con cada uno de manera intencional para iniciar.

Joven: _____
Paso 1: _____
Paso 2: _____
Paso 3: _____

Joven: _____
Paso 1: _____
Paso 2: _____
Paso 3: _____

Joven: _____
Paso 1: _____
Paso 2: _____
Paso 3: _____

Lección 6

Consejería sexual cristiana

Objetivos

- Conocer el propósito bíblico de la sexualidad.
- Identificar las crisis del adolescente.
- Practicar los pasos del proceso de consejería.

Ideas Principales

- La sexualidad es dada por Dios y tiene un propósito en el matrimonio y las relaciones sociales.
- Un adolescente necesita guía para tomar decisiones saludables en las crisis propias de su edad.
- La consejería debe ser enfocada desde una perspectiva bíblica y profesional.

Introducción

La consejería en temas sexuales es un ministerio muy delicado. Al igual que la consejería en general tiene el objetivo de restaurar las vidas de las personas que pueden estar enfrentando crisis a causa de diversas problemáticas. En el caso de la juventud, uno de los temas frecuentes que hay que abordar es el de la sexualidad y esto, debido a que cada joven en su proceso de desarrollo pasa por cambios que pueden generar ciertas dudas y alteraciones en su conducta.

La consejería sexual cristiana tiene el objetivo de educar, prevenir y restaurar al joven en dicha área y así evitar que caiga en situaciones que pueden dañar su cuerpo, sus emociones, traer consecuencias dolorosas en su futuro y aún llevarle a la muerte.

Es importante conocer la enseñanza bíblica sobre la sexualidad, la cuál debe ser nuestra fuente para conducirnos en todos los aspectos de la vida. También necesitamos identificar las crisis que los muchachos experimentan en esa etapa de desarrollo llamada adolescencia. Además en esta lección se presentan valiosos recursos para emplear en el momento de aconsejar, de tal forma que podamos escoger el procedimiento de consejería más adecuado, según la necesidad que atraviesa cada joven.

La sexualidad en la Biblia

En esta sección estudiaremos el sexo desde el punto de vista del Creador.

Fue así como Dios creó al ser humano tal y como es Dios. Lo creó a su semejanza. Creó al hombre y a la mujer, y les dio esta bendición: Quiero que se reproduzcan, quiero que se multipliquen, quiero que llenen la tierra y la pongan bajo su dominio (Génesis 1:27-28, TLA).

La Biblia nos presenta en el libro de Génesis la creación original de todo ser vivo y de todas las cosas diseñadas por la voluntad de Dios. Así los primeros seres humanos caminaron en esta tierra (Génesis 1:26-28) creados para el propósito de servir como administradores del resto de la Creación en el Jardín del Edén. También reciben el mandato de multiplicarse, pero dentro del marco de la unión del hombre y la mujer en un vínculo de responsabilidad mutua y para con los hijos, el matrimonio.

En Génesis 2:18 el autor escribe lo que motivó a Dios a crear este principio: *"No es bueno que el hombre esté solo. Voy a hacerle una ayuda adecuada."* Lo que motivó a Dios fue el deseo de proporcionar compañía idónea al hombre y la creó a partir de su propia esencia, tanto que al verla Adán exclamó: *"Esta sí es hueso de mis huesos y carne de mi carne"* (Génesis 2:23a). Eva y Adán, disfrutan de la compañía mutua y su unión se expresaba y afirmaba en las relaciones sexo coitales: *"Por eso el hombre deja a su padre y a su madre, y se une a su mujer, y los dos se funden en un solo ser"* (Génesis 2:24).

Dios creó el sexo para que sea una bendición y para el disfrute de la pareja. En el libro de Proverbios 5:18-19 dice: *"¡Bendita sea tu esposa, la novia de tu juventud! Es como una linda venadita; deja que su amor y sus caricias te hagan siempre feliz* (TLA). En el contexto de este capítulo el escritor exhorta al lector a no caer en el adulterio. Las llamadas de atención son fuertes: *"Aléjate de la mujer adúltera…"* (Proverbios 5:8). El plan de Dios es que la pareja goce en ese vínculo físico, que disfruten de las caricias que se brindan el uno al otro. En estos versículos podemos ver la referencia al 'juego previo' de la relación sexo-genital.

En el libro el Cantar de los cantares de Salomón el esposo describe de manera poética como es físicamente su esposa. En los capítulos 4 y 5 habla del esperado encuentro de los dos, para al fin entregarse mutuamente todo el amor que se tienen.

En el Nuevo Testamento Pablo exhorta a los cristianos de Corinto que disfruten del sexo en el matrimonio, que no se nieguen el uno al otro este "deber conyugal", sabiendo que ambos se pertenecen (1 Corintios 7:3-5). La Biblia presenta la unión sexual dentro del matrimonio como parte del plan divino para la salud integral de la pareja.

Así, Dios está en contra del mal uso de la sexualidad y condena toda practica sexual fuera del vínculo matrimonial: *"Tengan todos en alta estima el matrimonio y la fidelidad conyugal, porque Dios juzgará a los adúlteros y a todos los que cometen inmoralidades sexuales"* (Hebreos 13:4).

La Biblia también presenta otros ejemplos, en los cuales se puede observar que la sexualidad diseñada por el Creador tiene un propósito especial dentro de su plan, para que vivamos una vida plena y saludable.

> El esposo debe tener relaciones sexuales sólo con su esposa, y la esposa debe tenerlas sólo con su esposo. Ni él ni ella son dueños de su propio cuerpo, sino que son el uno para el otro. Por eso, ninguno de los dos debe decirle al otro que no desea tener relaciones sexuales. Sin embargo, pueden ponerse de acuerdo los dos y dejar de tener relaciones por un tiempo, para dedicarse a orar. Pero después deben volver a tener relaciones; no vaya a ser que, al no poder controlar sus deseos, Satanás los haga caer en una trampa (1 Corintios 7:3-5, TLA).

PERVERSIONES SEXUALES O PECADO SEXUAL EN LA BIBLIA

Perversión sexual	Descripción	Cita
Incesto	Contacto sexual entre parientes cercanos.	Deuteronomio 27:22 Levítico 20:17, 19; 18:6-17
Homosexualismo Lesbianismo	Pecado sexual entre personas del mismo sexo.	Levítico 18:22; 20:13 Romanos 1:26, 27 1 Corintios 6:9
Afeminado	Hombre que aparenta ser mujer.	1 Corintios 6:9
Zoofilia	Relación sexual entre un ser humano y un animal.	Éxodo 22:19 Levítico 18:23, 24; 20:15,16 Deuteronomio 27:21
Masturbación	Autoexitación con el fin de producir el orgasmo. Se basa en el egoísmo y la morbosidad. No cumple el propósito puro del sexo, por lo tanto es impuro y perverso. Conduce fácilmente a la adicción a la pornografía.	Mateo 5:28 Efesios 2:3 1 Juan 2:16 Romanos 8:5
Sodomía	Relación sexual perversa y antinatural de distintas formas.	Génesis 18:20; 19:5-13
Promiscuidad sexual	Cambiar de parejas sexuales, sexo grupal, adulterio.	Romanos 13:13-14

Las crisis en la adolescencia

Ahora hablaremos de los cambios en esta etapa.

En la etapa de la adolescencia, producto de los cambios que se enfrentan, se generan ciertas crisis o conflictos. Hay tres fases psicológicas que los adolescentes necesitan superar, de acuerdo con N. Wright son:

¿Recuerdas alguna de las crisis en tu adolescencia?

1. Desarrollar un sentido de identidad personal que establezca su concepto de individuo.

2. Iniciar el proceso de establecer relaciones caracterizadas por la entrega personal e intimidad.

3. Empezar a tomar decisiones trascendentales en la vida del joven.

En cada una de estas etapas el adolescente está transformando su vida de niño a adulto. Pero tiene un precio que pagar. Es una etapa de inmadurez en busca de la madurez típica de la persona adulta (G. Castillos,

2007: 42). Dado que está en dicho proceso surgen diversas crisis que emanan de ese proceso de aprendizaje, hay una curiosidad por despertar nuevas sensaciones, conocer la razón de las cosas, ganar experiencia... y la sexualidad no es un tema que se deja pasar por alto. Su sentido de identidad sexual, su relación con el sexo opuesto y decisiones en esta área llevarán a ciertas crisis.

Sexting: Envío de mensajes sexuales, fotos, pornografía por medio de teléfonos móviles.

Existen también aquellas crisis que son circunstanciales, de las cuales aparecen en momentos menos inesperados, muertes, accidentes, ataques, violaciones, etc., que existen por la misma maldad del hombre y que llegan a marcar la vida de los adolescentes. El consejero, pastor interesado en su grupo de jóvenes, debe estar consciente de todas estas crisis para tener un recurso y poder ayudar en la necesidad.

Otras perversiones sexuales:
Pansexualismo: Atraído por cualquier persona más allá de su género y sexo.
Sadismo: Obtiene placer sexual al ocasionar sufrimiento físico o psíquico a otra persona.
Masoquismo: Obtiene satisfacción sexual a través de su propio dolor físico o psíquico, la humillación, la dominación y el sometimiento.
Pedofilia: Atracción sexual de un adulto hacia niños.
Parafilia: Sexo con objetos.
(1 Corintios 7:3-5, TLA).

Problemáticas sexuales

En esta sección hablaremos del peligro a que se expone el adolescente.

Las crisis que enfrentan los adolescentes pueden derivar en problemas que crean en ellos un estado de desgaste. En este estado de afectación suelen buscar consejos en su grupo de iguales, pero allí lo que les están trasmitiendo son ideas que les llevarán a hundirse cada vez más.

Las malas compañías no podrán ayudarles a salir del estado en que se encuentran. Dichos grupos suelen ejercer influencia para llevar a otros a sus prácticas como ser: relaciones sexuales antes del matrimonio, pornografía, 'sexting', masturbación, caricias íntimas en el noviazgo, relaciones sexuales grupales, violación, practicas lesbianas u homosexuales y otras perversiones.

Pablo describe un panorama en el cual las personas cuando viven lejos de Dios y buscan su propia satisfacción, cambian toda su conducta y, en especial, la sexual (Romanos 1:21-32).

Todo el mundo conoce la conducta de los que obedecen a sus malos deseos: no son fieles en el matrimonio, tienen relaciones sexuales prohibidas, muchos vicios y malos pensamientos. Adoran a dioses falsos, practican la brujería y odian a los demás. Se pelean unos con otros, son celosos y se enojan por todo. Son egoístas, discuten y causan divisiones. Son envidiosos, se emborrachan, y en sus fiestas hacen locuras y muchas cosas malas. Les advierto, como ya lo había hecho antes, que los que hacen esto no formarán parte del reino de Dios (Gálatas 5.19-21, TLA).

Los 5 pasos de la consejería

Ahora veremos el proceso a seguir para aconsejar.

La consejería dentro del ámbito cristiano debe entenderse como la capacidad de atender al ser humano, proporcionando un consejo que le ayude a salir de un estado de crisis. En la vida de Jesús se observa como él buscaba oportunidades para dialogar con la gente acerca de sus necesidades y también la gente le buscaba. Tenemos el ejemplo de Nicodemo (Juan 3:1-18), la mujer sorprendida en adulterio (Juan 8:2-11), la mujer samaritana (Juan 4:1-28), entre otros, quienes le buscaron cuando estaban agobiados por diferentes motivos, buscando su consejo. Jesús siempre procuraba dar una respuesta dirigiendo a las personas a aplicar los principios bíblicos, y siempre buscando el bienestar integral en la vida de las personas.

Lección 6 - Consejería sexual cristiana

> *Es posible mantenerse puro sexualmente en medio de una sociedad corrompida sexualmente y sin valores morales. La impureza sexual corrompe al ser humano más rápido que cualquier otro pecado.*

El o la líder de jóvenes que va a brindar consejería debe ser:

- Una persona madura en su fe.
- Comprometido con el reino de Dios y la causa juvenil.
- Ser un constante investigador de las crisis y problemáticas que afectan a los jóvenes.

El proceso y éxito al aconsejar dependerá de ciertos elementos, como el tipo de problema, las personalidades de las dos partes (consejero y aconsejado) y la naturaleza de su relación (Wright, 1990: 56). Por eso la sesión de consejería no debe ser unidireccional, es decir, del consejero hacia el aconsejado, sino como una actividad en la cual se integran las dos partes movidas por una causa.

Norman Wright plantea un proceso de cinco pasos para las sesiones de consejería cristiana, cada uno de ellos sustentado bíblicamente:

1. Crear una relación entre el que ayuda y el ayudado (Juan 16:7-13).
2. Explorar el problema, procurando clarificar las cuestiones y analizar el proceso histórico, determinando lo que se ha hecho en el pasado, para enfrentarlo.
3. Decidir un curso de acción. Hay varias alternativas posibles que se pueden intentar una tras otra (Juan 14:26; 1 Corintios 2:13).
4. Pasar a la acción y proceso práctico que ambos evalúan conjuntamente, cuando algo no da resultado hay que probar otra vez (Juan 16:13; Hechos 10:19, 20; 16:6).
5. Terminar la relación de consejería alentando al ayudado a que aplique lo que ha aprendido y emprenda el camino por su propia cuenta (Romanos 8:14).

Pablo Hoff señala algunos principios que son necesarios para la consejería (1981: 38-47):

- Ganar la confianza de la persona
- Aceptar incondicionalmente al asesorado
- Saber escuchar
- Escuchar con empatía
- Reflejar y responder
- Encontrar soluciones
- Evaluación de la técnica no directiva

Otoniel Coronel describe etapas o pasos en la construcción de una relación terapéutica (2011: 86-89):

1. Etapa introductoria o motivación

En este momento será necesario romper el hielo para que la persona a quien se le está dando la consejería no se sienta intimidada. Lograr una empatía con el paciente. Durante toda esta jornada será necesario tomar nota de todo cuanto se dice o se observa.

2. Diagnóstico o clarificación del problema

En el área clínica el diagnóstico es un conocimiento diferencial que se adquiere del estado físico y psíquico del enfermo, mediante la observación de los signos y síntomas de la enfermedad. Pero el consejero elabora el diagnóstico producto de la observación y en conjunto con el paciente. Al poder determinar el diagnóstico, el problema será de forma más clara y será necesario para proponer las pautas de tratamiento.

3. Intervención, establecimiento de metas y búsqueda de soluciones

En esta etapa se conducirá al paciente a un plan de acción buscando que el aconsejado tome decisiones, actúe, venza sus temores, que trabaje para solucionar el problema de manera que supere sus temores y debilidades. El consejero debe velar en que las soluciones propuestas sean de acuerdo a la voluntad de Dios y para el bienestar integral del aconsejado.

4. Etapa de cierre

Es difícil señalar una etapa de cierre porque el consejero debe acompañar al joven mientras dure el proceso de restauración. La diferencia de una terapia psicológica con la consejería es que existe un cierre. El consejero debe asegurarse de que el aconsejado sea reintegrado a la comunidad cristiana y que la relación no se transforme en un estado de dependencia del joven hacia su consejero.

Sean cuales fuesen los principios o métodos que se utilicen, es muy importante centrar nuestro objetivo en sacar a los jóvenes de las crisis. Jesús describió su misión tomando las palabras del profeta Isaías: *"El Espíritu del Señor omnipotente está sobre mí, por cuanto me ha ungido para anunciar buenas nuevas a los pobres. Me ha enviado a sanar los corazones heridos, a proclamar liberación a los cautivos y libertad a los prisioneros"* (Isaías 61:1). Su misión es nuestro modelo para ayudar a los jóvenes en sus problemas.

Finalmente es importante señalar que todo pastor consejero debe conocer cuáles son sus límites en cuanto a los tipos de crisis o problemas en los cuáles puede ayudar, ya que habrá casos en los cuáles se necesitará derivar al joven a un consejero con más experiencia o bien con un profesional de la psicología o psiquiatría.

> James Hamilton recomienda derivar al aconsejado en los casos siguientes:
> 1. Cuando es bien claro y evidente que el problema del adolescente está más allá del alcance de la capacidad del pastor para ayudar.
> 2. Cuando hay personas competentes en la comunidad o en el área que están capacitadas para ayudar.
> 3. Cuando el pastor pueda hacer tal recomendación con la conciencia clara de que la fe del joven no será destruida o sus futuras relaciones sociales puestas en entredicho.
> 4. Cuando él puede desligarse del problema pero seguir sosteniendo al feligrés en una relación de apoyo.

¿QUÉ APRENDIMOS?

En la adolescencia se viven diferentes crisis pero con un buen asesoramiento los chicos tendrán oportunidades de superarlas y seguir creciendo en madurez a semejanza de Jesucristo.

Lección 6 - Consejería sexual cristiana

Actividades

INSTRUCCIONES:

1. En grupos de tres personas mencionen tres actividades sexuales comunes entre los adolescentes de su contexto. Luego escojan una o más citas bíblicas que usarían para enseñar sobre los peligros a que se exponen quienes practican estas cosas. Además tomen nota de los principios y valores que deberían reforzar en cada caso.

Caso 1. _____
Citas bíblicas: _____
Notas: _____
_____
_____

Caso 2. _____
Citas bíblicas: _____
Notas: _____
_____
_____

Caso 3. _____
Citas bíblicas: _____
Notas: _____
_____
_____

2. En parejas practiquen consejería de adolescentes escogiendo entre los casos siguientes. Uno será el consejero y el otro el aconsejado. Practiquen uno de los procesos para llevar adelante la consejería que se han presentado.

   1. Mario padece de diabetes y obesidad. Siente rechazo del grupo juvenil de la iglesia.

   2. Fabricio, lleva tiempo teniendo relaciones sexuales con su novia que no es cristiana y no sabe como dejar de hacerlo, ahora que sabe que esto no es bueno a los ojos de Dios.

3. A Tony le va muy mal en el colegio, sus padres están bien enojados y le están limitando sus privilegios. En su angustia se aísla mucho de su familia y pasa mas tiempo con los videojuegos.

4. Albania quiere ganar independencia financiera. Quiere dejar sus estudios para ir a California con una tía que le va a enseñar el oficio de peluquería.

5. Nico está luchando con la elección de su carrera. Su Padre quiere que sea fultbolista, el es muy bueno en verdad y juega en las ligas menores. Su padre sueña con tener un hijo famoso y con el bienestar económico que eso traerá a su familia. Pero Nico desea ser médico rural y ayudar a los niños que sufren.

6. Florencia tiene 14 años y es muy enamoradiza, ahora dice estar enamorada de dos muchachos de la iglesia, los dos están interesados en ella pero ella no sabe a cuál escoger.

7. Anita es una joven inteligente y creativa. Se aburre mucho en el colegio y en la iglesia. Ha comenzado a faltar a las reuniones porque se siente mas entretenida navegando en internet y aprendiendo sobre cosas que le interesan.

Notas

Lección 7

UN LLAMADO DESDE EL HOGAR

Objetivos

- Definir la importancia de la familia para el líder juvenil.
- Priorizar el cuidado de la familia.
- Identificar estrategias para una mejor relación familiar.

Ideas Principales

- El verdadero líder lo es primero en casa y luego en público.
- Un líder tiene autoridad cuando en su casa lo respaldan.
- El impacto de un líder es mayor cuando vive en su casa, lo que predica en público.

Introducción

"Es que en mi casa no me entienden, no saben cómo soy, nunca piensan en mí, en lo que me gusta hacer; ¡nunca me escuchan!" –esta pareciera ser una queja muy común entre los líderes juveniles que están empezando su ministerio.

Al parecer algo ocurre constantemente cuando un joven se inicia en el liderazgo cristiano ya que, automáticamente, se aleja de su familia, la vida ministerial le envuelve y pareciera ser que siempre queda menos tiempo para quienes viven en su casa. Cientos de líderes juveniles, semana a semana, terminan discutiendo con su familia antes de salir a ministrar a algún grupo juvenil y entonces la bendición y autoridad con la que ministran no es desarrollada tal cual debería ser, porque algo está mal en casa.

Es importante que tengamos en claro cuál es nuestro rol como cristianos y cuál es la importancia que tiene la familia en nuestro ministerio juvenil, de tal modo que al liderar seamos canales auténticos de bendición y ejemplo a quienes nos siguen.

La importancia de la familia en el ministerio juvenil

En esta sección hablaremos de la familia en la Biblia.

Dios, desde el principio, nos creó para adorarle en comunidad.

En la historia bíblica, cuando Dios vio a Adán que estaba solo decidió proveerle compañía a fin de que tuviera alguien con quien compartir, adorar, servir y disfrutar de la creación: *"Luego Dios el Señor dijo: No es bueno que el hombre esté solo. Voy a hacerle una ayuda adecuada"* (Génesis 2:18).

Al pensar en esto, nos damos cuenta de que: ¡A Dios le interesa la familia! De no ser así, no hubiera concedido a Adán tener una mujer y junto con ella la capacidad de reproducirse y tener hijos; de hecho, esa fue una de las bendiciones más grandes que pudieron recibir, la de formar una familia: *"Y Dios creó al ser humano a su imagen; lo creó a imagen de Dios. Hombre y mujer los creó, y los bendijo con estas palabras: Sean fructíferos y multiplíquense; llenen la tierra y sométanla; dominen a los peces del mar y a las aves del cielo, y a todos los reptiles que se arrastran por el suelo"* (Génesis 1:27-28).

Pero a pensar de esta verdad que comprendemos, al llegar al liderazgo y ministerio juvenil nos comportamos con la familia como si quisiéramos quedarnos 'solos' y servir a Dios como si no necesitáramos ayuda. Si Dios tiene en mente a la familia, ¿por qué nosotros no?

Define prioridades

En esta sección veremos como ordenar las áreas de la vida.

El ministerio juvenil en especial siempre exige mucho más de lo que podemos dar. Por eso antes de continuar, es necesario que hagamos un alto de todo lo que estamos haciendo y consideremos cuales y cómo deben ser nuestras prioridades en el liderazgo:

Prioridad uno: Dios

Es importante señalar que un liderazgo cristiano, sin Cristo, no existe. Él debe ser el centro de lo que somos y lo que hacemos. Dios mismo debe representar la prioridad número uno en nuestra vida.

Sucede muchas veces que pasamos más tiempo ocupados atendiendo el ministerio de Dios que nos olvidamos de atender al Dios del ministerio. Nos preocupamos de más por atender todos los detalles y por las necesidades que existen, que dejamos de lado a Dios, olvidando que Él es el Señor de la Iglesia y quién tiene el control de todo lo que pasa. En Mateo 6:33 dice: *"Más bien, busquen primeramente el reino de Dios y su justicia, y todas estas cosas les serán añadidas."*

¿Cómo está hoy nuestra relación con Dios? ¿Es Él la prioridad número uno en nuestra vida?

¿Cómo está hoy nuestra relación con Dios? ¿Es Él la prioridad número uno en nuestra vida?

Prioridad dos: Familia

Puede parecernos extraño que pongamos la familia en el segundo lugar y no el ministerio. ¿Por qué consideramos a la familia la prioridad número dos para el líder cristiano? Veamos la justificación. El liderazgo comienza en casa, que es donde realmente nos conocen; donde saben quienes somos y lo que podemos llegar a ser. Un líder que no es ejemplo en casa, no será un buen líder fuera de ella. Es cierto que hay algunos casos donde los jóvenes no son valorados en su hogar, pero también es cierto que es en el hogar donde se gestan las pequeñas semillas que eventualmente darán fruto.

El principal ministerio de un líder debe ser su familia. Ellos deben ver al joven líder como un ejemplo a seguir, como alguien en quien confiar y como persona respetable. Nuestra familia debe poder ver a Jesús en nosotros.

Lección 7 - Un llamado desde el hogar

Llama mi atención cómo María, la madre de Jesús, sabiendo quién era y lo que podía hacer, un día en una fiesta de boda decidió pedirle ayuda: *"Cuando el vino se acabó, la madre de Jesús le dijo: —Ya no tienen vino. —Mujer, ¿eso qué tiene que ver conmigo? —respondió Jesús—. Todavía no ha llegado mi hora. Su madre dijo a los sirvientes: —Hagan lo que él les ordene"* (Juan 2:3-5). Jesús finalmente obedeció a su madre y ese fue su primer milagro registrado. Jesús nuestro líder modelo, fue valorado y reconocido por su madre. Él se lo había ganado siendo un hijo obediente y respetuoso, siendo alguien digno de confianza y un buen hermano.

¿Es la familia una prioridad en nuestra vida? ¿Somos obedientes, respetuosos, dignos de confianza y un ejemplo en la intimidad de nuestro hogar?

Prioridad tres: Trabajo / Estudio

La mayoría de los líderes juveniles están trabajando o estudiando. Si este es nuestro caso sería importante considerar la prioridad de estas ocupaciones pues, aunque no somos de este mundo, estamos en este mundo, y necesitamos esforzarnos por hacer bien las cosas que requieren nuestra atención.

Todo lo que hacemos en la vida debe ser para adorar y servir a nuestro Dios. Nuestro lugar de trabajo o estudio es un espacio donde pasamos mucho de nuestro tiempo en la semana y donde tenemos muchas oportunidades de servir a otros y de impactar sus vidas por medio del ejemplo.

Nuestra escuela o lugar de trabajo, aunque no son lugares de adoración pública, representan un lugar importante en nuestra vida personal y por consecuencia en la ministerial. El trabajo es algo que Dios nos ha dado, ya sea para traer provisión, sustento o apoyo a nuestra familia y necesitamos cuidarlo y valorarlo. La institución educativa es ese lugar donde Dios nos está permitiendo formarnos para cumplir con el propósito y el llamado de Dios para nuestra vida.

¿La opinión de nosotros que tienen los compañeros de trabajo o estudio es digna de un líder cristiano?

Prioridad cuatro: Ministerio

En cuarto lugar en el orden de prioridades está el ministerio; esto es, todo lo que hacemos en relación a nuestra responsabilidad en el ministerio de la iglesia. Por ejemplo, dirigir, liderar, coordinar, organizar, entre otros, podemos hacerlo si tenemos en orden nuestra relación con Dios, nuestra familia y nuestros estudios / trabajo.

Muchos líderes cristianos han visto como se destruye su familia porque no tienen en orden sus prioridades. Cuando el líder no atiende en orden estas prioridades no sólo se ve afectada su familia, sino todas las demás áreas de su vida, incluyendo el ministerio y por ende daña a las personas en las que tiene influencia como líder.

Es verdad que en iglesia el trabajo nunca se acaba, pero también es cierto que Dios nos ha dado capacidad de administrar lo que hacemos de tal forma que cumplamos con todo.

El ministerio y el liderazgo son importantes pero, al final, cuando eso se acaba, es necesario regresar a casa, y si hemos olvidado cuidar nuestra relación familiar, nuestro hogar, a los nuestros, ¿a dónde llegaremos?

¿Qué tanto ha afectado nuestro rol de liderazgo y ministerio en nuestra relación con Dios, la familia y la escuela o trabajo?

PRIORIDADES EN LA VIDA DEL LÍDER JUVENIL

Define tiempos

En esta sección hablaremos sobre la distribución del tiempo.

El empleo que hacemos de nuestro tiempo debe estar en relación a nuestra metas en la vida. Para administrar bien este valioso recurso necesitaremos primero responder a estas preguntas:

- ¿Qué es lo que Dios me ha llamado a hacer a mi de acuerdo a mis dones, habilidades e intereses?

- ¿Cuál es la visión de Dios para mi vida?

- ¿Cuáles son las cosas que me apasiona hacer?

- ¿Cuál es esa necesidad o problema que me gustaría ayudar a resolver?

- ¿Cuál es mi meta de aquí a 5 o 10 años? ¿Qué quiero estar haciendo?

La respuesta a estas preguntas nos guiarán para que, en lugar de perdernos en una montaña de tareas, nos enfoquemos en lo que es más importante. ¿Qué, de todo lo que hacemos, podríamos dejar de hacer ya que no va de acuerdo con nuestro llamado específico?

Tu verdadero yo necesita cumplir la vocación para la cuál fue creado. Tu propósito es tu pasión (Bernardo Stamateas).

Los buenos líderes son meticulosos en cuidar el uso del tiempo de manera que lo puedan aprovechar al máximo, sin descuidar ninguna de las áreas mencionadas anteriormente. Es por eso que es tan importante manejar una agenda personal y revisarla para evaluar si tenemos bien distribuido el tiempo conforme a las prioridades.

¿Cómo mejorar la relación familiar?

Finalmente estudiaremos ideas para cuidar la relación familiar.

Cuando todo está bien en la familia, la influencia del líder se multiplica. ¿Por qué es tan importante dedicar tiempo a la familia? Veamos algunas razones:

➢ Dios ha puesto una familia a nuestro lado para acompañarnos y ayudarnos a cumplir nuestra misión.

➢ La familia es quien mejor nos conoce y sabe de las intenciones de nuestro corazón y adónde deseamos llegar. Por eso son los mejores para darnos ánimo y motivarnos.

➢ La familia puede apoyar nuestras ideas y proyectos ministeriales.

➢ La familia puede apoyarnos en los tiempos de prueba y dolor.

➢ La familia es quien nos ama incondicionalmente, no por lo que hacemos sino por lo que somos.

➢ La familia es la que estará con nosotros en las pruebas más difíciles y cuando todos se van.

➢ La familia nos da autoridad para enseñar a otros y validar lo que predicamos.

Después de reflexionar en la importancia de la familia en el ministerio juvenil, vamos a ver algunas ideas para cultivar y mejorar la relación con nuestra familia:

• **Enfocarnos en ellos.**

La próxima vez que lleguemos a casa, no pretendamos contar todo lo que te nos ha sucedido en la primera oportunidad, más bien, preguntemos cómo han estado y cómo se han sentido. Seguramente causaremos una revolución en su mente y su rostro cuando lo hagamos.

• **Hagamos cosas con ellos.**

Separemos algunos horarios en la agenda de tal forma que podamos pasar tiempo con la familia. Podemos ir a algún lugar que les guste, caminar, ver una película, comer, jugar en casa, practicar deportes, entre otros. Tratemos de que en esos tiempos el ministerio juvenil se 'pause' y la convivencia y relación familiar crezca.

Dios ha puesto una familia a nuestro lado para acompañarnos y ayudarnos a cumplir nuestra misión.

Una buena forma de demostrar a tu familia que es importante para ti es apagar tu teléfono para prestarles toda tu atención. Enseñemos al equipo ministerial para que respete nuestros tiempos con la familia.

- **Involucrarlos en el ministerio.**

Quizás esto no será posible todo el tiempo, pero habrá muchas ocasiones en el ministerio juvenil en el que podamos involucrar a nuestra familia. Podemos por ejemplo, invitarlos a ir con nosotros a alguna reunión, pedirles que se encarguen de cierta cosa, o bien que nos ayuden a desarrollar cierta idea. ¡Nos sorprenderá lo que pueden hacer!

Necesitamos ser jóvenes obedientes, respetuosos, dignos de confianza y ejemplos a seguir de tal forma que nuestra relación familiar sea estable, segura y feliz.

- **Oremos por nuestra familia.**

Siempre debemos orar los unos por los otros en la familia, pero sobretodo si las relaciones no están bien, necesitamos ponerla en manos de Dios. Intercedamos por nuestros padres, hermanos, esposa, hijos y por cada familiar con el que necesitemos mejorar la relación.

¿Qué otras maneras se nos ocurren para hacer sentir a nuestra familia lo valiosos que son para nosotros?

- **Darles valor.**

Hagamos saber a cada miembro de nuestra familia lo valiosos que son para nosotros. Resaltemos sus virtudes. Reconozcamos sus logros. Motivemos sus esfuerzos. Estas pequeñas acciones harán que se sientan mas amados y cambiará sus vidas.

¿Qué Aprendimos?

Dios nos creó para vivir en comunidad; ¡A Dios le interesa la familia! Y es importante que nosotros le demos el valor que nuestra familia necesita en nuestras prioridades, tiempos y enfoques.

Lección 7 - Un llamado desde el hogar

Actividades

Tiempo 20'

INSTRUCCIONES:

1. En su opinión: ¿Cuáles son las causas por las cuáles los líderes cristianos descuidan a sus familias?
___
___
___

2. ¿Cuáles podrían ser las consecuencias para su ministerio como líder si la familia no le apoya?
___
___
___

3. Responda a las siguientes preguntas para descubrir o confirmar su vocación.

   a. ¿Qué es lo que Dios me ha llamado a hacer a mi de acuerdo a mis dones, habilidades e intereses?

   b. ¿Cuál es la visión de Dios para mi vida?

   c. ¿Cuáles son las cosas que me apasiona hacer?

   d. ¿Cuál es esa necesidad o problema que me gustaría ayudar a resolver?

   e. ¿Cuál es mi meta de aquí a 5 o 10 años? ¿Qué me gustaría estar haciendo con mi vida?

   f. ¿Qué, de todo lo que hago, podría dejar de hacer hoy mismo, aquello que no va de acuerdo con mi llamado específico?

4. Complete el siguiente plan semanal de acuerdo a sus nuevas prioridades.

	Lunes	Martes	Miércoles	Jueves	Viernes	Sabádo	Domingo
Mañana							
Tarde							
Noche							

5. Evalúe su plan semanal: ¿Qué lugar de importancia le ha dado a su familia en esta agenda?
___

6. Ponga en práctica los siguientes consejos:

- Hoy, al llegar a casa, salude a su familia con un abrazo y una palabra de valoración o reconocimiento para cada uno, por lo que significan para su vida.

- Busque un tiempo de la rutina familiar en la semana para estar con ellos sin pensar en el ministerio.

- Escriba una nota de reconocimiento para su familia y publíquela en sus redes sociales.

- Tómese una foto familiar para colocarla en su oficina, protector de pantalla de la computadora/ celular y en la sala de su casa.

- Converse con su familia acerca de la posibilidad de tener un tiempo devocional familiar al menos una vez por semana.

Notas

Lección 8

Relación entre consejero y aconsejado

Objetivos

- Identificar aspectos importantes de la relación consejero-aconsejado.
- Precisar las estrategias para la comunicación.
- Analizar los aspectos de la confidencialidad en la consejería.

Ideas Principales

- La vida humana se desarrolla a través de interrelaciones.
- La comunicación es la fuente donde se iluminan las cosas, los hechos, los fenómenos.
- La comunicación es el medio por el cual el ser humano cultiva su personalidad.

Introducción

La relación entre el consejero y el aconsejado juega un papel muy importante en la práctica de la consejería. La relación entre ambos es uno de los puntos críticos en la ética pastoral contemporánea. Desde un principio, aun antes de iniciar un proceso de consejería, la relación entre ambos debe ser respetuosa, guardando siempre la dignidad y respetando la privacidad del joven. El consejero tiene que crear un ambiente de confianza para que el aconsejado crea en la competencia del consejero y sienta que puede compartir con él o ella asuntos privados de su vida.

La calidad de la relación entre ellos será de vital importancia para ambas partes. Cuanto mejor sea la relación en términos de respeto mutuo, conocimiento, confianza, valores compartidos y perspectivas sobre la vida, mejor será la cantidad y calidad de la información que el consejero obtenga sobre el problema en cuestión. Una relación de consejería en mas fructífera cuando existe un intercambio en ambas direcciones, mejorando asi la precisión del diagnóstico del problema.

En aquellas circunstancias en que la relación sea pobre, se compromete la habilidad del consejero para realizar una evaluación completa de la persona y es más probable que este desconfíe del diagnóstico y del tratamiento propuesto, disminuyendo las posibilidades de cumplir con la consejería.

Todo se lo debemos a Dios que nos ha puesto en paz con él por medio de Cristo y nos ha confiado la tarea de llevar esa paz a los demás. Porque sin tomar en cuenta los pecados de la humanidad, Dios hizo la paz con el mundo por medio de Cristo y a nosotros nos ha confiado ese mensaje de paz (2 Corintios 5:18-19, BLP).

La consejería pastoral y la confidencialidad

En esta sección veremos las responsabilidades que asume el consejero.

La consejería es un ministerio muy importante, por lo que debe ser vista y entendida como una gran oportunidad que Dios nos brinda para ayudar y servir a otros. En el trabajo de consejería se busca aplicar la sabiduría de Dios a los problemas de la vida con el único fin de ayudar a su prójimo, ya que se tiene la gran responsabilidad de aconsejar bien, con la verdad en las manos.

Todo esto debe hacerse en el nombre de Aquel que "... *no vino para ser servido, sino para servir*" (Mateo 20:28). Los consejeros son únicos, el trabajo que desempeñan es el de mayor importancia que pueda realizarse en el mundo. Recordemos que los consejeros cristianos son siervos de Dios, ungidos y separados para ser embajadores y para presentarlo ante el mundo, sus funciones son por demás delicadas, puesto que ellos han sido enviados por Dios con el mensaje de la reconciliación (2 Corintios 5:18-19).

Rosidalia Vargas en su libro: "Hacia una pastoral juvenil", comenta: *"El consejero cristiano, a diferencia del secular, no aconseja basado en sus conceptos, ni se apoya en sus propios criterios, ni establece sus principios con base en sus experiencias. Todo esto puede enriquecer su labor, pero no son el fundamento de su consejo, tampoco se deja influir por las corrientes filosóficas que imperan en el ambiente, ya sea humanista, liberal, legalista u otras; sus consejos siempre tendrán sus raíces en la Palabra de Dios y sus palabras serán paralelas a las sagradas Escrituras."* El consejero cristiano ve al aconsejado como un alma que necesita salvarse; la labor se lleva a cabo por amor al prójimo, por lo que ninguna institución puede manifestar ese amor genuino que se muestra en un corazón regenerado. Cabe mencionar que hoy en día hay muchas corrientes filosóficas o estilos de vida que se enfocan en el humanismo y la sanidad interior sin la ayuda de Dios, confundiendo aún más al aconsejado.

John Edmund dice al respecto: *"Para el consejero practicar el amor no es algo a lo que el aspire para sí mismo solamente, sino que él quiere también aumentar el amor en las vidas de quienes lo escuchan. Él debe ser ejemplo mostrando cómo funciona el amor."* El consejero debe considerar al ser humano en su relación con Dios y ver a esa persona en términos de valores eternos; por ende, buscará atraer a el o la joven a una sana relación con Dios.

Josh McDowell comenta: *"Jesús dio el ejemplo de calidez aceptante, cariñosa y amante. Demostró un interés sincero en las personas con las cuales se encontraba (Mateo 8:5-13; Marcos 5:30) y sentía una auténtica preocupación y compasión por ellas, por lo que la gente confiaba en Él, lo buscaba y le contaba sus confidencias."* Así, en sus enseñanzas Jesús no solamente resaltaba el valor de las personas que le escuchaban, sino que fue un principio que Él ordenó a sus discípulos que siguieran. El consejero debe tratar con amor genuino y compasión al aconsejado, poniéndose en sus zapatos.

El respeto entre el consejero y el aconsejado

Aquí veremos cómo el consejero debe cuidar su relación con el aconsejado.

El hecho de que un consejero sea un ministro o un líder no implica que él o ella no pueda sentir atracción física o emocional por otra persona o por el contrario, generar sentimientos negativos hacia otros. En la consejería se construye una relación estrecha y en algunas ocasiones incluye también el compartir problemas personales y sexuales; por lo que el consejero debe evitar estar a solas con el aconsejado. Se debe ser prudente en la manera de actuar con todo lo relacionado con el sexo opuesto.

"Jesús dio el ejemplo de calidez aceptante, cariñosa y amante. Demostró un interés sincero en las personas con las cuales se encontraba (Mateo 8:5-13; Marcos 5:30) y sentía una auténtica preocupación y compasión por ellas, por lo que la gente confiaba en Él, lo buscaba y le contaba sus confidencias" (John McDowell).

En un mundo donde la información es un arma y donde incluso es el código de la vida, el chisme es como un virus, el peor de todos, ya que destruye el sistema inmunológico de la víctima (Jacques Attali).

¿Cuáles son las formas de saludarse aceptables en tu cultura entre personas del mismo o diferente sexo?

Un líder cristiano es responsable por lo que hace primeramente delante de Dios, del aconsejado y delante de la sociedad por lo que debe comportarse con el más alto sentido de la ética, marcando los límites entre consejero y aconsejado.

Se debe evitar todo contacto físico. Todo aquello que produzca una situación seductiva, es necesario evitarse: Un abrazo, un beso en la mejilla o un apretón de manos pueden ser recibidos de diversas maneras. En ese momento se están compartiendo profundas emociones, un gesto de contacto que busca animar o alentar puede tornarse rápidamente en una invitación apasionada. Es importante tener cuidado respecto a quiénes se toca y cómo o dónde se toca. Una palmadita en la mano puede ser preferible a un abrazo. Cabe mencionar que las interpretaciones de los contactos varían, no solo por asunto de preferencia personal sino, también, por las normas culturales.

Probablemente muchos líderes o pastores han arriesgado sus ministerios a causa de que tuvieron la libertad de intimar demasiado con sus aconsejados. Aún el que piensa que esto no le puede suceder debe recordar lo que el apóstol Pablo dice: *"Así que, el que piensa estar firme, mire que no caiga"* (1 Corintios 10:12).

Anarquía *describe un estado de caos, desorden, desbarajuste, confusión, desorganización.*

Es necesario tener en cuenta también que el aconsejado ha depositado en él o ella momentos de su vida que son importantes y de vital confidencialidad. Se ha visto como en algunas ocasiones la indiscreción del consejero ha dañando no solo la relación entre ambos, sino también el proceso de consejería, dañando la oportunidad de ayudar a la persona. La palabra hebrea traducida como "chismoso" en el Antiguo Testamento es definida como alguien 'que revela secretos que suceden a su alrededor', esto es algo así como tráfico de información. El chismoso es alguien que le saca secretos a la gente, acerca de ellos mismos y de sus familias, y luego va repitiéndolos de casa en casa, ocasionando gran perjuicio para aquellos cuyos secretos le fueron confiados, así como para aquellos a quienes se los cuenta, y también para sí mismo.

Fuego y espadas son motores lentos de destrucción, en comparación con la lengua de un chisme (Richard Steele).

En su carta a los Romanos Pablo revela la naturaleza pecaminosa y estado de anarquía de la raza humana, declarando cómo Dios derramó su ira sobre aquellos que rechazaron sus leyes. Por haberse alejado de la instrucción y la guía de Dios, Él los entregó a sus mentes reprobadas. Describe a estas personas como: *"... llenos de envidia, homicidios, contiendas, engaños y malignidades; murmuradores, detractores aborrecedores de Dios, injuriosos, soberbios, altivos, inventores de males, desobedientes a los padres, necios, desleales, sin afecto natural, implacables, sin misericordia; quienes habiendo entendido el juicio de Dios, que los que practican tales cosas son dignos de muerte, no sólo las hacen, sino que también se complacen con los que las practican"* (Romanos 1:29-32). Podemos apreciar en este pasaje qué tan serio es el pecado del chisme, el cuál se menciona como una conducta de aquellos que están bajo la ira de Dios.

Competencias fundamentales para el ministro

Ahora hablaremos de otras características de los consejeros.

Hay ciertas características personales y profesionales que tienen en común quienes son efectivos en su función como consejeros. El líder o el pastor contribuye a este ministerio con su visión de mundo, su experiencia en la vida, su historia personal, su carácter, su integridad, y sus creencias acerca de las personas. El éxito de la consejería se relaciona más a la calidad de vida del consejero y la calidad de su relación con el aconsejado, que con la técnica utilizada. La relación entre el consejero y la persona aconsejada es el factor mas importante para obtener mejores resultados.

He aquí algunas competencias y características de los líderes que sirven con eficacia en el ministerio de consejería:

- ✓ Aman a Dios sobre todas las cosas.

- ✓ Dependen del Espíritu Santo para aplicar las Sagradas Escrituras y sus principios bíblicos.

- ✓ Desarrollan habilidad para escuchar las preocupaciones de otras personas que buscan consejo.

- ✓ Centran la atención en la persona que busca consejo.

- ✓ Desarrollan su capacidad de amar, reconocer valor, perdonar, y estimular a otros.

- ✓ Son responsables, perseverantes, humildes y moderados.

- ✓ Desarrollan la paciencia, especialmente con la persona que es nueva en la fe en Cristo. Muchas personas que reciben consejo continúan luchando con hábitos en su vida que les dominan desde antes de su conversión.

- ✓ Son asertivos: desarrollan habilidad para desafiar, enfrentar, y ofrecer retroalimentación correctiva de manera que la persona aconsejada conserve su integridad.

- ✓ Saben cuándo la ayuda es ineficaz y cuando se debe dar término a la relación de consejería.

- ✓ Son responsables de guardar la información confidencial que se comparte con ellos.

*Como estrategia y estilo de comunicación, la **asertividad** se sitúa en un punto intermedio entre otras dos conductas polares: la pasividad, que consiste en permitir que terceros decidan por nosotros, o pasen por alto nuestros derechos; y por otro lado tenemos la agresividad, que se presenta cuando no somos capaces de ser objetivos y respetar las ideas de los demás (Wikipedia).*

El tiempo de la consejería

Finalmente aprenderemos sobre el cuidado a corto y largo plazo.

Pasos para identificar soluciones
1. Identificar el problema.
2. Examinar los efectos del problema.
3. Identificar las posibles causas.
4. Definir los objetivos para la solución.
5. Proponer ideas para solucionar el problema.
6. Escoger la mejor alternativa de solución.

La naturaleza de la relación consejero – aconsejado es potencialmente para toda la vida. No obstante, debido a todas las demás responsabilidades, lo más recomendable es que los líderes o pastores limiten a unas 3 o 5 sesiones por problema.

El consejero junto al aconsejado debe planear el tiempo para las sesiones para que se ajusten a sus horarios. Se pueden reunir una vez por semana durante 30 minutos o por 60 minutos por sesión. Algunas veces se podrá escoger reunirse con más frecuencia (2 o más días por semana) o con menos frecuencia (cada dos semanas). Es recomendable seguir reuniéndose durante el tiempo que se necesite hasta resolver los problemas. Durante estas sesiones será de vital importancia ayudar a la persona a identificar su problema, explorar soluciones, y determinar el mejor curso de acción para solucionar el asunto.

La mejor estrategia que se recomienda es concentrarse en una breve comprensión del problema con un estilo práctico enfocado en hallar soluciones, en lugar de un modelo de psicoterapia a largo plazo. Hay que tomar en cuenta las siguientes recomendaciones para proveer una ayuda a corto plazo centrada en soluciones:

1. Lo más importante será guiar al aconsejado a identificar su necesidad de iniciar una relación personal con Jesucristo o retomarla.

2. Ayudar a la persona a buscar soluciones en vez de enfocarse en el problema principal; evitar dedicarle mucho tiempo a las preocupaciones o a centrar la atención en otros problemas de la vida, ya que el aconsejado necesita sanar pronto.

3. Fortalecer los aspectos positivos y las actitudes constructivas de la persona, en vez de centrar la atención en las deficiencias, las desventajas y los obstáculos aparentemente insuperables ya que se puede crear un ambiente negativo o puede llevar a una depresión.

¿Qué Aprendimos?

La relación entre el consejero y el aconsejado tiene que estar basada en la confianza puesta en Dios. Ambos deben buscar soluciones a los problemas en un ambiente positivo para la consejería.

Actividades

Tiempo 20'

INSTRUCCIONES:

1. ¿Qué cuidados especiales debe tener el consejero cristiano para cuidarse a sí mismo y al aconsejado de tentaciones relativas a la atracción sexual o romática?

___

2. Represente por medio de un gráfico cuadro o mapa conceptual cómo puede dañar el chisme el ministerio de consejería en una iglesia.

___

3. Escriba una lista de consejos prácticos para un consejero o consejera que recién se inicia en este ministerio. Incluya aspectos relativos al cuidado de su vida personal, su relación familiar, su testimonio, su relación con los líderes y sus relaciones con los jóvenes.

___

Notas

Evaluación Final

Tiempo 15'

CURSO: ¡QUE ALGUIEN ME ESCUCHE!

Nombre del alumno/a: _____
Iglesia o centro donde estudia: _____
Distrito: _____
Profesor/a del curso: _____
Fecha de esta evaluación: _____

1. Mencione algunas de las crisis que atraviesan los adolescentes.

_____
_____
_____
_____
_____

2. ¿A qué peligro se enfrentan los adolescentes de la iglesia cuando no son escuchados por sus líderes?

_____
_____
_____
_____
_____

3. ¿Cuál es la función del consejero para el grupo juvenil?

_____
_____
_____
_____
_____

4. ¿Qué aprendió en la práctica ministerial del curso?

_____
_____
_____
_____
_____

5. En su opinión ¿Cómo se podría mejorar este curso?

_____
_____
_____
_____
_____

Bibliografía

Libros:

Borghetti Esteban. *Manual práctico para consejería juvenil.* Miami, Florida: Vida, 2010.

Burns, Jim. *El ministerio juvenil dinámico.* Unilit, 1998.

Ceballos, G. *El adolescente y sus retos. La aventura de hacerse mayor.* Pirámide: España, 2007.

Collins, Gary. *Consejería cristiana efectiva.* Portavoz, 1997.

Collins, Gary. *The Biblical Basis of Christian Counseling for People Helpers.* Colorado Springs: NavPress, 1993.

Coronel, O. *Cuidado y asesoramiento pastoral. Curso de formación ministerial.* Guatemala: Iglesia del Nazareno, 2011.

Fields, D. *Ministerio de jóvenes con propósito.* Miami, Florida: Vida, 2000.

Fields, D. *¡Ayúdenme! ¡Soy Líder de Jóvenes!* Miami, Florida: Vida, 2002.

Giles, J. *El ministerio del pastor consejero.* Mundo Hispano, 2003.

Hancock, Jim y van Pelt, Rich. *Cómo ayudar a los jóvenes en crisis.* Miami: Vida, 2007

Holf, P. *El pastor como consejero.* USA:USA, 1981.

Iglesia del Nazareno. *Manual/2013-2017, Iglesia del Nazareno, Historia, Constitución, Gobierno y Ritual.* Lenexa, USA: CNP, 2013.

León, J. D. *Soy líder de jóvenes y ahora... ¿quién podrá ayudarme?* Miami, Florida: Unilit, 2002.

Leys, L. *El ministerio juvenil efectivo.* Miami, Florida: Vida, 2009.

MacArthur, John. *La consejería, cómo aconsejar bíblicamente.* Caribe; Nashville, 2009.

McDowell, J. *La verdad desnuda.* Patmos, USA, 2011.

Mcdowell Josh. *Manual para consejeros de jóvenes, una guía completa para equipar lideres de la juventud, pastores, maestros y padres.* EE.UU: Mundo Hispano, 2000.

Somoza, Daniel. *Fichero práctico de consejería pastoral.* Barcelona: Clie, 1992

Wright, Norman. *Cómo aconsejar en situaciones de crisis.* Barcelona: CLIE, 1990.

Páginas web:

Bonhoefer, Dietrich. *Vida en comunidad.* Sígueme, 2000. Recuperado el día 19 de abril de 2016 de: https://materialesliderazgo.wordpress.com/tag/el-ministerio-juvenil-relacional/

Cortés Alfaro, Alba. *Conducta suicida, adolescencia y riesgo.* Revista Cubana de Medicina General Integral vol.30, no.1. Ciudad de La Habana ene.-mar. 2014. Consultado 11 de junio de 2018 de: http://scielo.sld.cu/scielo.php?pid=S0864-21252014000100013&script=sci_arttext&tlng=en

Diccionario Internacional.com. *Reenfoque*. Consultado 17 de febrero de 2016 de: http://diccionario-internacional.com/definitions/?spanish_word=refocus

Monografías.com. *La ética en la consejeria pastoral*. Consultado 11 de junio de 2018 de: http://www.monografias.com/trabajos-pdf5/etica-consejeria-pastoral/etica-consejeria-pastoral.shtml

Scribd.com. *Perversiones sexuales en la Biblia*. Consultado 3 de Julio de 2018 de: https://es.scribd.com/document/97867096/Perversiones-Sexuales-en-La-Biblia

Warren. Rick. *Como ayudar a un adolescente a encontrar su propósito*. Soluciones Juveniles 2014. Consultado 2 de Julio de 2018 de: http://solucionesjuveniles.com/site/?p=6250

Wikipedia. *Perfil*. Consultado 11 de junio de: https://es.wikipedia.org/wiki/Perfil

www.ingramcontent.com/pod-product-compliance
Lightning Source LLC
Chambersburg PA
CBHW080940040426
42444CB00015B/3391